ELVEA VERLAG

Als Vorruheständler hat Friedhelm Marciniak begonnen, die Geschichten aufzuschreiben, die er jahrelang erzählt hat. Mit vortrefflicher Beobachtungsgabe, einem feinen Gespür für den Ernst oder Komik einer Situation und überbordender Fantasie schreibt er wortgewandt Geschichten von Nebenan, die wahr sein können, aber nicht müssen, die den Leser mitunter zwingen, sich selbst seinen Schlussreim zu machen.

Hessische Allgemeine: …die Geschichten von Friedhelm Marciniak boten auch bei dieser Lesung ein breites Spektrum der unterschiedlichsten Gefühle - wobei das Ernste deutlich überwog.

Landeszeitung Lüneburg: …Man fühlt die Trauer, die Wut …, … docken viele seiner kurzen, … manchmal melancholischen Geschichten trotzdem bei Erlebtem, Gesehenem, Gehörtem an.

Friedhelm Marciniak

Buchstabiere Gerechtigkeit

und andere Geschichten

mit Fotos von

Klaus Henning

ELVEA VERLAG

Für Maren, Martin, Axel

und die Gruppe

Besuchen Sie uns im Internet:

www.elvea-verlag.de

Veröffentlicht im Elvea Verlag
Chemnitz, 2015

ISBN 978-3-945600-79-5

Inhalt

Das Foto

Wie lange sie sich auf diesen Tag gefreut hat, weiß sie nicht genau. Sind es erst acht oder schon zehn Jahre her, dass sie zum ersten Mal von diesem Tag gehört hat? Auf der Terrasse war es gewesen, sonntags nach dem Frühstück. Der Vater hatte abgeräumt und sich danach in sein Arbeitszimmer zurückgezogen, als Mutter davon anfing.

Mutter hatte die Sonntagszeitung durchgeblättert und war auf jenes Foto gestoßen, das sie erzählen ließ. Wie das damals bei ihr gewesen sei, ach Kind, das ist ja schon soooo lange her, aber sie wisse es noch wie heute, habe nichts vergessen. Und in ein paar Jährchen – ja, Jährchen hatte sie gesagt – bist du schon so weit. Mein Gott, Kind, wie die Zeit vergeht. Wie aufgeregt ich damals war, wie mein Herz geklopft hat. Meine Mutter – deine Oma – konnte mich gar nicht beruhigen und mein Vater hat es erst gar nicht versucht.

Sie hatte an den Lippen ihrer Mutter gehangen, vor acht oder zehn Jahren, hatte jedes ihrer Worte in sich aufgezogen, hatte am Ende der schwärmenden, zurück träumenden Erinnerungen der Mutter leise und mit bangem Herzen ihre Frage geflüstert: »Werde ich einmal so wie du Mutter...?«

»Natürlich wirst du, mein Liebes«, hatte die Mutter über den Tisch gelacht, »natürlich wirst du ... Warum solltest du nicht?«

»Ich dachte, Mutter, weil ...« Mutter hatte ihren Einwand weggewischt, lachend über den Tisch hinweg weggewischt. »Natürlich wirst du und es wird bei dir noch schöner sein als bei mir.« Mutter meinte es ernst. Wie gern wollte sie ihr glauben!

Das Foto, aus der Zeitung von damals, von vor acht oder zehn Jahren, hing noch an der Pinnwand in ihrem Zimmer. Vergilbt, mit Fett- und Tastflecken, Knitterfalten. Wie oft hatte sie dieses Foto in der Hand gehabt, sich damit aufs Bett gelegt, die Augen geschlossen und die immer gleichen Gedanken geträumt: Wie würde es sein? Könnte sie vom Aussehen her mit den anderen Mithalten? Sie träumte davon, die Schönste zu sein, und schämte sich sofort für diesen Gedanken. Wie würde ihr Kleid aussehen? Lang oder kurz? Aus Seide oder Satin? Rückenfrei? Ob Mutter ihr ein etwas gewagteres Dekolletee erlauben würde? Eher nicht. Mutter hielt dies für billig. Weniger zu zeigen, zöge die richtigen Männer an, die Männer mit Phantasie – das zahle sich aus, wenn sie mal an einem hängen bliebe. Was Gott doch bitte noch ein paar Jährchen verhüten möge!

»Ach, Mutter«, hatte sie so oft schon geseufzt, mit dem Foto in der Hand und mit geschlossenen Augen auf dem Bett liegend, »ach Mutter, wann ist es endlich soweit?« Manchmal schien es rückblickend so, als habe sie bisher nur auf diesen Tag hin gelebt und als sei am Ende dieses Tages das Leben zu Ende.

Nur selten hatte sie weiter denken können als bis zum Ende dieses Tages, allerdings hatte sie auch nie die Frage wiederholt, die sie damals ihrer Mutter gestellt hatte. Aber die Antwort klang immer noch in ihren Ohren: »Natürlich wirst du, mein Liebes ...!« Wie gern wollte sie ihr glauben.

Mutter hatte Wort gehalten. Gute Mutter, liebe Mutter, musste sie denken, als sie sich im Spiegel betrachtete. Gut sehe ich aus, dachte sie, wirklich gut.

Selbst meine fünfzehn Sommersprossen – acht auf der linken, sieben auf der rechten Wangenseite – passen gut zum blassen Rosa des knielangen Chiffonkleides, ein Rosa, das an die Abenddämmerung im Dezember erinnert. »Schau, die Engel backen wieder für Weihnachten«, hatte ihre Mutter dann immer gesagt.

Das Kleid von fast übertriebener Schlichtheit war eines Engels würdig. Es machte erst gar nicht den Versuch, von den blonden Locken abzulenken. »Naturlocken«, wie Mutter immer betonte.

Und sie wiesen wie ein großes helles Tor den Weg zu zwei strahlenden Augen. Ja, sie konnte sich sehen lassen.

Gerade als sie rufen wollte: »Papa, ich bin fertig«, öffnete sich die Tür. »Das soll meine kleine Tochter sein«, hörte sie ihren Vater sagen, »dieses wunderbare Geschöpf soll meine Tochter sein?«, und er küsste ihr auf die Schulter. »Oh, wie werden mich beim Opernball dreihundert junge und ungezählte alte Männer beneiden, dass ich mit dir tanzen darf, als erster mit dir tanzen darf.«

Vater streichelte ihr zärtlich über das Haar und nahm ihr die Stützen ab. Sie ließ sich wie so oft und immer nach hinten in seine Arme fallen. Sanft hob er sie auf und setzte sie in den Rollstuhl. Beide wussten, es würde ein wunderbarer Tanz werden – der schönste ihres Lebens.

2007

Länger als Marathon – Mein erster Sieg

Um ehrlich zu sein, ich habe noch nie was gewonnen. Einmal sprang bei einem Acht-Kilometer-Lauf ein dritter Platz in meiner Altersklasse heraus, aber auch nur, weil der Veranstalter sich bei der Auswertung vertan hatte. Den Pokal durfte ich aber trotzdem behalten. Bei meinen Läufen länger als Marathon durfte ich mich immer als Sieger fühlen.

Jedenfalls behaupten das die Veranstalter: Jeder, der ins Ziel kommt, ist ein Sieger!

Als Sieger fühlen? Wie mag sich das anfühlen, wenn man noch nie Erster war? Seit dem Rennsteig-Lauf vor einigen Jahren kenne ich dieses Siegergefühl oder besser, glaube ich, dieses Gefühl zu kennen. Und dabei verhießen die Umstände vor dem Lauf nichts Gutes: Die Woche im Büro war lang und nicht gerade leicht gewesen. Bei der Fahrt zum Start nach Eisenach reiht sich ein Stau an den anderen.

Gegen halb Zehn komme ich an, kann mich noch kurz vor Toresschluss nachmelden. Sofort ins Bett. Es fällt mir schwer, in den Schlaf zu kommen und dann im Schlaf zu bleiben. Dauernd schaue ich auf die Uhr. Die Arbeitswoche und die vielen Staukilometer wirken nach. Um vier Uhr holt mich der Wecker von irgendwo ganz weit her. Weiterschlafen, sofort nach Hause fahren, starten – diese Gedanken begleiten mich im Wechsel beim Frühstück, beim Anziehen. Sie begleiten mich im Bus, der mich nach Eisenach zum Start auf dem Marktplatz fährt. Ich bringe meine Sporttasche mit den Wechselsachen fürs Ziel zum Transporter. Noch einmal der Gedanke: Gib die Tasche nicht ab, fahr nach Hause, überrasche deine Familie mit frischen Brötchen und einem gemeinsamen Frühstück. Die meisten Läufer knallen ihre Tasche auf die Ladefläche, scherzen und lachen. Ich lege meine vorsichtig ab, lasse ganz langsam die Griffe los und wende mich ab. Die Entscheidung ist gefallen. Ich will die Tasche erst Stunden und zweiundsiebzig Kilometer später wieder sehen. Erst jetzt befällt mich die innere Spannung, die ich immer vor meinen langen Läufen fühle. Wie wird es werden? Bei welchem Kilometer wird es diesmal wehtun? Was wird passieren, von dem ich jetzt noch nichts ahne?

Mit dem Startschuss um sechs Uhr kommt so etwas wie Freude auf. Sie hält nicht lange an. Nieselregen setzt ein, das Thermometer zeigt sechs

Grad – die Wetterprognose stimmt - leider. Aber es soll deutlich wärmer werden und der Regen aufhören. Ich laufe – anders als sonst – die erste Steigung aus Eisenach hinaus, um warm zu werden. Überhole viele Läufer, die aus guten Gründen »wandern« – die Strecke ist noch lang. Laufe zu zwei Laufkollegen auf, die ich jedes Jahr auf dem Rennsteig treffe. Wir bleiben zusammen. Das Gespräch über Gott und die Welt vertreibt die Zeit. Die dreiundzwanzig Kilometer bis zum Inselberg vergehen – nicht wie im Flug, aber doch schneller als gedacht. Aus dem leichten Regen ist inzwischen Schneetreiben geworden. Der Wind treibt mir die Flocken ins Gesicht. Ich fluche auf die Wetterprognose, die nun nicht mehr stimmt. Schimpfe mit mir, dass ich gerade wegen der Prognose nur mit einer Radler, Hemd mit kurzem Arm und Anorak gestartet bin. Alles oberhalb meiner Beine friert. Ich muss in die Büsche. Der kurze Halt reicht, um leichtes Zähneklappern auszulösen. Die beiden Kollegen lasse ich alleine weiterlaufen, mein Puls ist zehn Schläge höher als sonst. Wenn ich weiter bei den beiden bleibe, stehe ich das nicht durch.

Bei Kilometer dreißig stolpere ich über eine Wurzel. Zwei junge, hübsche Wanderinnen helfen mir auf. Was für ein Bild für diesen Lauf! Gefallen und heil wieder aufgestanden. Die Wanderinnen schenken mir Traubenzucker, viele gute Wünsche und zwei herzerfrischende Lachen. Warum nicht mit den beiden weiterwandern, erzählen und gemeinsam lachen - der Gedanke beschäftigt mich die nächsten Kilometer. Es läuft etwas besser. Bei Kilometer vierzig weiß ich, dass ich in Oberhof aufhören werde. Vierundfünfzig Kilometer sind nach dieser anstrengenden Woche auch nicht schlecht. Nein, ich bin nicht unzufrieden mit mir, freue mich auf Oberhof, trabe zufrieden über die glitschige Wiese die dreihundert Meter in das Skistadion hinunter, höre das Piepen meines Chips beim Überqueren der Matte. Jetzt sind die vierundfünfzig Kilometer amtlich. Gut so!

Der Bus, der die Aussteiger nach Schmiedefeld fährt, sei gerade abgefahren, höre ich am Schalter der Zeitmessung, aber ich solle mich in den Erste-Hilfe-Container setzen und auf den nächsten Bus warten. Das könne dreißig Minuten und mehr dauern.

Wohlige Wärme umfängt mich. Ich setze mich zu zwei Aussteiger-Kollegen, deren Enttäuschung nicht zu übersehen ist, hänge mir eine Decke um und strecke die Beine aus. Nie wieder oder frühestens in zwei Stunden aufstehen. Wir Läufer sind still, hängen unseren Gedanken nach. Die beiden Schwestern vom Roten Kreuz unterhalten sich leise, kichern. Ein junger Mann betritt den Raum. Fingernagellange Haare, kurze Hose, T-Shirt mit halbem Arm, kein Anorak, keine Trinkflasche. Seine Strümpfe sind an den Fersen rot. Blut. Er zieht Schuhe und Strümpfe aus, stöhnt leise. Kein guter Anblick. Dass er mit den zerschundenen Füßen überhaupt bis hierhergekommen ist! Er bittet um Pflaster. Die Schwestern vom Roten Kreuz reinigen und desinfizieren seine Füße. Der junge Mann beißt auf die Zähne. Die Füße sind verschwitzt, die Pflaster halten nicht. Ein neuer Versuch und noch einer und noch einer. Ob er mit den Pflastern nicht bis zum Ziel warten könne? Der Bus für die Aussteiger käme doch gleich.

»Ich will nicht aussteigen«, fährt der junge Mann die Sanitäterinnen an. »Ich will laufen! Laufen will ich!« Seine Worte dringen tief in mich ein, setzen sich langsam in meinem Kopf fest. Laufen will der, mit den Füßen laufen? Und du? Du wartest auf den Bus. Deine Füße starren vor Lehm und Matsch, aber sie sind nicht rot. Dir – mein Blick wandert langsam zur Pulsuhr –, dir geht es gut. Dein Puls liegt unter einhundert Schlägen. Ein Gedanke frisst sich langsam in mich hinein, erreicht meinen Kopf, meine Hände und Füße, füllt mich aus: Wenn der mit den Füßen laufen kann, dann kannst du mit deinen Füßen auch laufen. Der junge Mann steht auf. Über die Pflaster an seinen Füßen haben die Schwestern eine Lage Verband gewickelt, damit sie besser halten. Ohne Dank und ein »Auf Wiedersehen« verlässt er den heimelig warmen Container. Uns, die Aussteiger, hat er gar nicht zur Kenntnis genommen.

Mit einem Ruck streife ich die Decke ab. Mir ist warm. Ich bin wach, hellwach. Frage, ob ich wieder einsteigen kann. Klar, antworten die Rot-Kreuzler. Ich trete in den Regen, schaue auf mein Pulsuhr: Siebenundachtzig Schläge. So einen Puls haben die meisten samstags nach dem Brötchenholen und nicht nach vierundfünfzig Kilometern. Dreihundert Meter vor mir verschwindet der Mann mit den verbundenen Füßen hinter einer Biegung. Ich setze mich in Bewegung, mache vorsichtig die ersten Schritte, werde schneller, warte auf das Gefühl von Müdigkeit, von Ich-will-nicht-mehr, das mich in den Container getrieben hat. Aber anstatt Müdigkeit verspüre ich Freude, zunehmende Freude, die mich von den Zehen bis zu den Haarspitzen ausfüllt. So muss sich ein Radrennfahrer fühlen, der nach einer Panne wieder zur Spitzengruppe aufschließt. Ich bin wieder im Rennen – und wie. Bin ich jemals zuvor auf dem Rennsteig nach fast sechzig Kilometern so schnell gelaufen? Hat mich je ein Dauerregen so wenig gestört? Ich laufe und lache, ich springe und singe. »Du bist klasse«, schreie ich mir zu.

Der junge Mann mit den kaputten Füßen kommt in Sicht. Er läuft nicht schlecht mit seinen Pflasterverbänden. Ich laufe vorbei – ohne einen Blick zur Seite, ohne ein Wort.

Kein dummer Spruch. Kleinliche Rache für die Nichtbeachtung im Container? Heute würde ich ihm gerne sagen, was ich seinem Satz »Ich will laufen« verdanke. Damals habe ich die überbordenden Gefühle in mir genossen, habe dankbar die Flügel angenommen, die mir sein »Ich will laufen« verlieh.

Den letzten langen Anstieg hinauf zum Großen Beerberg, dem höchsten Punkt des Rennsteig-Laufs. Aus den Läufern vor mir sind Wanderer geworden. Tanze oder jogge ich an ihnen vorbei? An der Schmücke, der vorletzten Verpflegungsstelle sieben Kilometer vor dem Ziel, nehme ich im Laufschritt einen Becher Wasser. »Weiter, weiter«, ruft mein singendes Herz. »Laufe, laufe«, trommeln meine Füße auf den Waldweg. »Nur noch bergab, nur noch runter«, schreie ich vier Kilometer vor dem Ziel in den Regen und werde noch einmal schneller. Als ich den Stadionsprecher weit vor dem Stadion höre, schießen mir Tränen in die Augen. Freudentränen, Glückstränen, Regentränen. Die wenigen Menschen auf der Straße vor dem Stadion klatschen, rufen ihr »Gleich hast du's geschafft!« in meine Tränen. Und ob ich es geschafft habe! Nur noch wenige Metern und ich habe gewonnen. Ich bin Erster! Der Stadionsprecher begrüßt die Läufer, die vor mir durchs Ziel laufen, mit Namen. Für mich bleibt er stumm. Nachmelder habe keine Namen. Es stört mich nicht. Ich höre den tosenden Beifall der Menge, speichere, was der Sprecher alles über mich erzählt.

Meine Brust zerreißt das Zielband. Die Leute feiern mich. Ich feiere mich. Weine, lache, hüpfe, singe, klopfe mir auf die Schulter, streichle die Beine, die nach dem Container achtzehn lange Kilometer keinen Schritt gegangen sind, bedanke mich bei den lehmverkrusteten Schuhen für die mehr als zweiundsiebzigtausend Schritte. Gleich hinter dem Ziel nehmen mich meine Frau und meine Kinder in den Arm, drücken mich, gratulieren. Mir, dem Sieger! Die beiden hübschen Wanderinnen von Kilometer dreißig (Wo kommen die denn her?) hängen mir die Siegermedaille um; jede haucht mir einen Kuss auf die nassen Wangen. Eine flüstert mir ins Ohr: »Wir haben an dich geglaubt. Wir wussten, du wirst gewinnen.«

Als ich am Montag ins Büro komme, hatten einige Kollegen schon ins Internet geschaut und machen Sprüche wegen der schlechten Zeit. Ich sage ihnen nicht, dass ich gewonnen habe. Dazu bin ich viel zu glücklich. Immer noch.

2007

Der Nächste, bitte!

»Der Nächste, bitte!« Eine Frau zwischen sechzig und siebzig, braune Hose, verschniefte, rote Nase, steckt eilig das Papiertaschentuch, das auf dem Weg zur Nase war, in den Ärmel des giftgrünen Pullovers. Sie hat es eilig hochzukommen, schlurft so schnell es geht die fünf Meter quer durch den Raum und verschwindet hinter der Ecke, aus der die Stimme gekommen war. Die anderen Menschen im Raum heben – wenn überhaupt –kaum den Kopf über ihre Zeitungen. Kalk schaut der Frau nach, wie sie um die Ecke verschwindet, überlegt, wann er wohl an der Reihe ist und wie viele Patienten noch vor ihm sind. Vor elf Jahren saß er zum ersten Mal in diesem Raum. Zugezogen in dieses Dorf und auf der Suche nach einem neuen Hausarzt. Schon damals hatte er sich gewundert, wie ein Arzt in dieser Wohnung seine Praxis aufmachen konnte. Alles sehr eng, unübersichtlich, hellhörig. Bei seinem zweiten Besuch hatte er das Praxisschild an der Tür genauer studiert und gemerkt, dass sich sogar zwei Ärzte die Praxis teilen, für die zwei Dreizimmerwohnungen im Erdgeschoß des fünfstöckigen Gebäudes zusammengelegt worden waren. Hundert, vielleicht einhundertzwanzig Quadratmeter, mehr werden es nicht sein, hatte er gedacht. Oder gibt es Räume, in denen ich in all den Jahren immer noch nicht war? Bei seinen ersten Besuchen hatte ihn die Praxis an ein Labyrinth erinnert. Überall gingen Wege ab in unbekannte Räume. Er hatte jahrelang Schwierigkeiten, den direkten Weg vom Behandlungszimmer zum Ausgang zu finden, landete mal vor der Toilettentür für Patienten, mal am Empfang, wo zwei, später sogar drei Sprechstundenhelferinnen in einem ehemaligen Kinderzimmer ihrer beengten Arbeit nachgingen.

»Der Nächste, bitte!« Eine junge Frau schnappt sich ihren vielleicht fünfjährigen Sprössling, der in der Spielecke still an einem Legoturm in Grün und Blau gebaut hatte, eilt quer durch den Raum, um hinter der Garderobe in einem der beiden Behandlungszimmer zu verschwinden. Ärzte lässt man nicht warten. Umgekehrt gilt das nicht. Jeder hat es eilig, wenn er aufgerufen wird. Geht es darum, das Gespräch mit dem Arzt schnell hinter sich zu bringen? Oder treibt der Wunsch, endlich Gewissheit über den eigenen Zustand zu erlangen, zu schnellen Schritten? Bin ich sehr oder nur ein bisschen krank? Kann ich mit ein paar Pillen über Nacht gesunden und zurück ins alte Leben? Oder treibt die Befürchtung, der Arzt könnte jemand anderen rufen, wenn man nicht schnell genug um die Ecke biegt, zu Eile an? Ob Kalk vor elf Jahren bei seinem ersten Besuch auch in das Zimmer des Arztes gerannt ist? Er hat keine Erinnerung mehr an die ersten Begegnungen, weiß nicht mehr, wann er den Arzt zu ersten Mal bewusst wahrgenommen, Gesicht und

Stimme gespeichert hat. Kalk kam der Arzt immer deutlich älter vor. Grauhaarige mit leicht schütterem Haar wirkten auf ihn immer alt. Erst als Gerüchte im Dorf aufkamen, der Doktor wolle sich zur Ruhe setzen, wurde ihm klar, dass sie beide nur wenige Jahre trennen konnten. Es dauerte einige Zeit, bis aus den Gerüchten Gewissheit wurde. Erst hieß es, der Doktor mache so lange weiter, bis seine Tochter die Praxis übernehme. Dann wurde erzählt, die Tochter sei längst fertig, wolle aber nicht in die Praxis und die Suche nach einem geeigneten Nachfolger gestalte sich schwierig. Wer wolle heute noch aufs Land? Vor einigen Wochen hat der Neue die Nachfolge angetreten. Heute wartet Kalk auf ihn, so wie er vor elf Jahren auf den Alten gewartet hat. Neugierig, aber nicht nervös. Gespannt, ob er einen Draht zu dem Neuen findet und ob der an den Alten erinnert oder ein gänzlich anderer Typ ist?

»Der Nächste, bitte!« Der Mann neben Kalk steht auf, lässt die Illustrierte auf den Tisch segeln, humpelt Richtung Garderobe und rempelt das Kind an, das vor ihm mit seiner Mutter beim Neuen war und gerade seinen Anorak anzieht. Kalk überlegt, ob noch vier oder fünf Patienten vor ihm sind. Beim alten Doktor musste er nicht mitzählen, der hatte seine Patienten immer mit Namen aufgerufen. »Herr Doktor Kalk bitte«, hatte es immer hinter der Garderobe her geschallt. Im Sommer, wenn es warm war und an der Garderobe fast nur leere Bügel schaukelten, hatte er den Rufer auch sehen können. Weißer Kittel, nie zugeknöpft, blaues oder rotkariertes Hemd, die Akte des nächsten Patienten in den Händen. Die Krankengeschichte, zwei oder zehn Zentimeter dick, zwischen zwei hellgrünen Pappdeckeln. Der Aufruf »Herr Doktor Kalk bitte«, hatte ihn immer verwundert. Doktoren verzichten doch untereinander darauf, sich mit Titel anzureden. Er erinnert sich nicht mehr, ob der Alte bei ihrer ersten Begegnung wissen wollte, in welchem Fach und worüber er promoviert habe. Alle Ärzte wollten das immer von ihm wissen, schienen beruhigt, wenn sie hörten, er sei kein Mediziner. Warum hatte Kalk noch nie einen Mediziner gefragt, worüber er promoviert habe? Auch den Alten nicht, selbst dann nicht, als sie nach einigen Jahren das ein oder andere persönliche Wort wechselten, wenn die Arbeit getan war und Kalk wusste, wie krank oder nicht-krank er war, welche Medizin er nehmen musste, wann er wieder joggen konnte. Kalk hatte mal den bösen Spruch gelesen, Mediziner schrieben ihre Promotion im Zug zwischen Bonn und Salzburg, gleich nach dem ersten Staatsexamen, wenn sie noch keine Ahnung hätten, ihnen noch so ziemlich jede Praxis fehle. Die Spiegel-Serie vor Jahren über die Mediziner, war nicht gerade nett gewesen. Geldgierig und schlecht ausgebildet seien sie, die Götter in Weiß in ihren Geldvermehrungspraxen. Der medizinische Doktortitel sei alles andere als ein Ausweis wissenschaftlicher Qualifikation. Ungezählte Mediziner hatten Kalks Weg gekreuzt. Kein Wunder bei acht Umzügen und fünf Kindern. Er hatte Medizinern sein Leben zu verdanken. Zwei seiner Kinder ebenfalls. Geldgierig war vor zwei Jahren nur ein Zahnarzt im Allgäu gewesen, der eine Krone eingesetzt hatte, die nach zwei Tagen wieder heraus fiel. Der Arzt forderte eine private Honorierung, weil er das erneute Einsetzen nicht bei der Krankenkasse abrechnen könne.

»Der Nächste, bitte«, hörte Kalk wie von ferne. Er sah kaum auf, als der ältere, kahlköpfige Herr, der gleich neben ihm um die Ecke wohnte und so gern von seinen Krankheiten erzählte, hinter der Garderobe verschwand. Nein, der alte Doktor war keiner von den geldgierigen Ärzten gewesen. Nur eine Rotlichtbehandlung für Kalk in elf Jahren. Kein einziges Mal röntgen. Der Alte hatte seine Maschinen nicht benutzt, um sein Geld zu mehren. Er hatte sich für Kalk immer Zeit genommen, immer richtig gelegen mit seiner Prognose über den weiteren Verlauf. Kalk hatte die Prognose immer mehr interessiert als die Diagnose. Er wollte wissen, kann ich noch arbeiten, wann kann ich wieder arbeiten oder kann ich wenigstens ein paar Stunden arbeiten. Der Doktor hatte immer präzise Fragen gestellt: Wo genau tut es weh? Fieber? Wie hoch, wie lange schon? Welche Medizin Kalk bisher genommen habe? Die Antworten wurden ohne Eile zwischen die beiden Pappdeckel der Krankenakte geschrieben, mit einem Werbekuli der Pharmaindustrie, krakelig, aber auch für Kalk lesbar. Bei jeder Frage senkte der Doktor den Kopf, um Kalk über die Brille hinweg anzuschauen. Durchbohrend empfand er manchmal den Blick, als wolle der Arzt sich vergewissern, dass er auch nicht schwindelt. Nach der letzten Frage legte er den Stift zur Seite, drückte sich aus seinem Stuhl hoch, kam hinter seinem Schreibtisch herum, um Kalk abzuhören, abzuklopfen, abzufühlen. Die wenigen Schritte waren immer garniert mit einer Erläuterung der Großkrankenlage: Viele hätten jetzt Magen-Darmprobleme. Oder: Kalk habe ja gesehen, wie voll das Wartezimmer sei. Die meisten hätten eine Erkältung. Die Erklärung auf dem Weg vom Stuhl bis zu Kalk war auch immer so etwas wie die Andeutung einer ersten Diagnose, die das Stethoskop, die fühlenden Hände, die Taschenlampe, die Augen und Ohren abtastete, und ein Blick in den geöffneten Rachen untermauern sollten. »Ja«, sagte der Arzt meist am Ende seiner Verrichtungen, »es ist so, wie ich schon sagte ...« Nie hatte er ihn an einen Facharzt überwiesen. Nur selten ließ der Alte noch ein Blutbild machen. Mit der Bemerkung, »Sie können sich schon anziehen«, ging er die wenigen Schritte zurück hinter den Schreibtisch, setzte sich, notierte die Diagnose in die Krankenakte und schrieb das Rezept. »Wenn Sie kein Diclofenac oder Ibuprofen mehr zu Hause haben, schreib ich Ihnen welches auf. Mit einer Kochsalzlösung die Nase spülen. Ruhe halten. Noch kein Antibiotikum.« Anfangs hatte er Kalk auch gefragt, ob er ihn krankschreiben solle, später nicht mehr. Der Doktor hatte begriffen, dass Kalk sich keinen gelben Schein holen wollte, sondern nur die Gewissheit, dass er arbeiten konnte. Dafür hatte der Arzt betont, wie wichtig jetzt Ruhe und dass niemand unersetzlich sei.

Kalk hatte sich bei den Erläuterungen das Hemd in die Hose gestopft, die Krawatte gebunden und sich bemüht, zeitgleich mit dem Doktor fertig zu werden. Der drückte ihm das Rezept in die Hand, wünschte

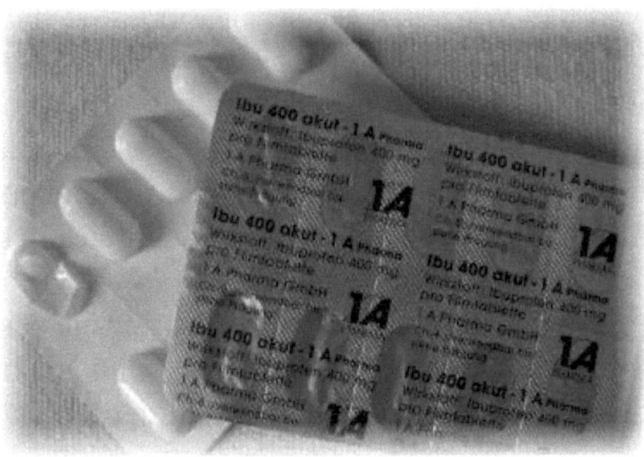

»Gute Besserung« und bestellte nach einigen Jahren auch Grüße an die Frau. Meist verließen sie zusammen das Behandlungszimmer. »Der Nächste, bitte!« Kalk achtet nicht darauf, wer nun aufstand.

Die warme Wintersonne, die sich in das ehemalige Wohnzimmer hineinwagt, kitzelt an seiner Nase. Er nimmt wie so oft den »Stern« in die Hand, blättert, schaut sich die Fotos an, nimmt aber nichts auf. Seine Gedanken bleiben beim alten Doktor. Wann hatte Kalk begonnen, dem Arzt blind zu vertrauen? Wann hatte er aufgehört, in sich hineinzuspüren, ob er nicht doch kranker sei als der Doktor meinte? Wann fragte er nicht mehr im Stillen, was dem Alten bei seiner Diagnose entgangen sein könnte? Seinem Bruder und seiner Schwägerin, beide Ärzte, hatte er nie vertraut, weder bei seinen Krankheiten noch bei denen seiner Kinder. Keinen von beiden hatte er je angerufen und gefragt, ob die Diagnose des Alten bei den Symptomen in Ordnung wäre. Hätten die, die ihm näher standen, nicht eine bessere Gewähr dafür geboten, dass alles wohl bedacht und die Erkältung nicht doch eine Lungenentzündung war und die Magenschmerzen Zeichen für ein Geschwür oder gar einen Tumor? Hatte er seinen Bruder nie fragen können, weil er ihn von Kindesbeinen an kannte? Konnte er seinem Bruder nicht vertrauen, weil er ihn schon in der Kindheit als unzuverlässig erlebte? Muss ein unzuverlässiger Bruder auch ein unzuverlässiger Arzt sein? Seine Schwägerin hatte er nie gemocht. Sie irgendetwas Medizinisches zu fragen, was mit ihm oder seiner Familie zu tun hatte, war ihm nie in den Sinn gekommen. Hieß das im Umkehrschluss, dass er zu dem Alten nur Vertrauen hatte, weil er ihn nur als Arzt kannte, aber nicht als Bürger, Nachbar oder Freund? Kalk grübelt, ob er im Dorf je eine Beschwerde über den Alten gehört hat: Falsche Diagnose, zu später Hausbesuch oder knauserig, wenn es um die Medikamente ging. Ihm fällt nichts ein. Seine Laufkollegen gingen zu anderen Ärzten und beschwerten sich regelmäßig über deren falsche Behandlung, einmal sogar mit lebensbedrohlichen Folgen. Alle hatten den Hausarzt schon ein- oder mehrmals gewechselt. Kalk hatte immer gesagt, versucht es doch mal mit dem Alten, aber niemand war seinem Ratschlag gefolgt. Es hatte aber auch nie jemand gesagt, den Alten kannst du vergessen und dazu eine oder mehrere Geschichten von kleinen oder großen Behandlungsfehlern erzählt. Noch nie hatte Kalk ein schlechtes Wort über den Alten gehört. Er geht die Ärzte durch, denen er über den Weg gelaufen ist. Zu den meisten fallen ihm Geschichten ein: Der könnte noch leben, wenn ... Die hätte ihre Niere noch, wenn ... Über den alten Doktor gibt es keine Geschichten. Erstaunlich, denn niemand ist fehlerfrei, makellos und ohne Fehl und Tadel.

Sein Stuhlnachbar drückt sich an ihm in die Höhe, holt Kalk zurück in die feuchte Wärme des Wartezimmers. »Bluthochdruck«, denkt Kalk, vielleicht auch »Alkoholiker«, als sein Blick auf den roten Kopf mit dem Dreitagebart fällt. »Und mächtig Übergewicht«. Ob er das »Der Nächste, bitte!«

überhört hat? Er schaut dem Schwergewicht hinterher, das mit schleppendem Schritt hinter dem Mantelwald verschwindet. Wie mag der Doktor mit ihm reden? Energisch, fordernd, drohend? Sie müssen abnehmen, sonst werden sie nicht alt! Wenn Sie das nächste Mal zu mir kommen, dann bitte ohne Fahne! Oder würde alles so ablaufen wie bei Kalk: Die immer gleiche Stimme, ruhig und langsam präzise Aussagen formulierend, ohne spürbaren Selbstzweifel. Wollen alle Patienten Gewissheit oder lieber nur ein bisschen davon und den Rest als Hoffnung gewürzt mit einer Prise Trost? Kalk fällt ein, wie überrascht er war, als der Doktor ihn einmal im Büro anrief. Wie Angst in ihm aufstieg, weil er dachte, es sei etwas mit seiner Frau oder seinen Kindern. Wie erleichtert er war, als der Doktor erzählte, er würde den Gottesdienst am Heiligen Abend mitgestalten, in dem Kalks Theatergruppe ein Krippenspiel aufführen sollte. Den Text wolle er haben, nur den Text. Ob das vielleicht bis morgen ginge? »Klar doch«, hatte Kalk geantwortet, aber auch Ärger gespürt, weil er an Zensur dachte: »Der will sehen, ob der Text auch ‚fromm' genug ist.« Kalk hatte seine Frau gefragt, ob sie wisse, dass der Doktor sich in der Kirche engagiere und sogar den Gottesdienst am Heiligen Abend mitgestalte? »Du kriegst auch nichts mit«, hatte sie geantwortet. »Das weiß doch jeder im Dorf, nur du nicht – mal wieder nicht.« Vor dem Gottesdienst, der im Freien an der alten Linde am Dorfrand stattfand, – einem der seltenen weißen Weihnachtsfeste – lernte er einen neuen Zug am Doktor kennen: Der Alte war nervös. Der, der für Kalk immer die Ruhe selbst war, war nervös. Der Doktor hatte Fragen zum Krippenspiel, hörte bei den Antworten kaum hin, verschwand kurz und kam mit neuen Fragen wieder. Es solle alles gut werden, sagte er, aber sein Einfluss darauf sei begrenzt. Deswegen habe er den Text haben wollen. Der Doktor an Heiligabend nicht im weißen Kittel, sondern im dunkelblauen Hemd und roter Krawatte. Der Doktor in neuen Rollen: Als Lektor, Prediger und Vorbeter, auch hier nicht herausgehoben aus der Menge. Wie immer Bescheidenheit und Überzeugung ausstrahlend. Da glaubt einer von innen heraus an Gott, hatte Kalk gedacht, nicht weil die anderen glauben. Ob Ärzte gläubiger sind als andere Berufe, Juristen zum Beispiel oder Ingenieure? Glaubt man eher an Gott, wenn man tagtäglich erlebt, wie begrenzt das eigene Tun ist? Wenn Patienten sterben und man auf den Totenschein »Herzstillstand« schreibt, aber genau weiß, dass etwas anderes Unbekanntes die Ursache gewesen sein muss? Muss man nicht gläubig werden, wenn Patienten, aufgegeben, austherapiert, auf einmal frisch und lebenshungrig vor einem sitzen? Das alles hätte er den Doktor längst einmal fragen können ...

»Der Nächste, bitte!« Eine Frau, siebzig oder neunzig, das Leben eingegraben im faltigen Gesicht, wird von einer jungen Frau, eher Enkelin als Tochter, auf die Beine gezogen, stützt sich auf die Griffe ihres Rollators und schiebt sich Schritt für Schritt in Richtung Behandlungszimmer. Hoffentlich steht ihm das niemals bevor! Der Gedanke durchzuckt Kalk immer, wenn er Menschen sieht, die sich nur noch sehr schlecht bewegen können. Was der alte Doktor wohl empfunden hat bei den großen und kleinen Leiden seiner Patienten? Gesunde, von Ausnahmen abgesehen, gehen nicht zum Arzt. Was mag er am Abend seiner Frau, seinen Kindern über seinen Tag erzählt haben? Wenn Kalk nach Hause kam, hatte er von dem Ärger berichtet, dem er mit diesem oder jenem hatte. Oder, dass das Budget mal wieder gekürzt worden sei und mit weniger Geld mehr Leistung erbracht werden müsse. Dass er den Prozess für seine Firma wie erwartet gewonnen habe. Aber ein Arzt? Erzählt der, bei Frau Meyer sei immer noch keine Besserung in Sicht und er wisse kaum noch, was er mit ihr machen solle? Berichtet er, er habe den Pharmareferenten eine Stunde warten lassen und ihn dann zwischen Tür und Angel abgefertigt? Der Pharmafritze überzeuge ihn nicht und das neue Mittel seiner Firma auch nicht. Viel Werbung und wenig Wirkung. Erzählt das der Doktor seiner Frau, spricht er überhaupt mit ihr über seinen Tag oder will er den Tag ganz schnell vergessen und Kräfte sammeln für den nächsten? Was macht der Arzt an seinem Feierabend? Welches Hobby mag er haben? Hat er überhaupt eins?

Unwirsch blickt er auf, als er »Der Nächste, bitte!« hört. Allmählich müsste er an der Reihe sein, aber er hat aufgehört mitzuzählen. Sind noch zwei oder nur noch einer vor ihm? Frau Flechter, die in der Luisenstraßen neben Kalks Schwiegermutter wohnt, schlurft geräuschvoll zum Neuen. Kalk hatte sie bisher gar nicht bemerkt, sieht nur noch ihren krummen Rücken hinter der Garderobe verschwinden. Kalk mag ihre freundlichen Augen im aufgedunsenen Gesicht. Starkes Rheuma, dessen Schmerzen sich nur noch durch immer stärkere Cortison Gaben lindern lassen. Kalk nimmt sich vor, der Flechter zu sagen, er habe sie nicht leider nicht bemerkt. Seine Gedanken wandern zum Doktor zurück. Was wird er als Ruheständler mit seiner Zeit machen? Wird er seine Arbeit vermissen? Vor einem Jahr – es war abzusehen, dass der Doktor seine Praxis aufgeben würde – hatten sie sich länger privat unterhalten, soweit Kalk sich erinnern kann, das erste und einzige Mal. Er hatte dem Doktor erzählt, wie intensiv er sich auf den Ruhestand vorbereitet hatte, wie reibungslos im Gegensatz zu einigen Kollegen bei ihm der Übergang ins dritte Leben geklappt habe, wie sehr er dieses Leben genösse: Musik machen, Kunst studieren, Theater spielen, lesen ... Er hatte den Doktor gefragt, wie er sich die

Zeit ohne Patienten vorstelle, aber nur eine ausweichende Antwort erhalten. Mit seiner Frau wolle er noch mehr als früher wandern, hatte der Alte geantwortet. Zu Hause an seiner Pinwand hinge ein Zettel mit Ideen, was er sonst noch machen könne. Ob das als Vorbereitung auf den Ruhestand reicht, hatte Kalk damals gedacht und dem Arzt von dem Kollegen erzählt, der am ersten Tag seines Ruhestands für drei Monate in Urlaub gefahren war. Danach sei der Kollege zurückgekommen und habe gemerkt, dass er keine Arbeit mehr hatte, sei krank und seitdem nie mehr so richtig gesund geworden. Im Nachhinein war ihm seine Erzählung peinlich gewesen. Er, der Patient, habe den Arzt darauf hinweisen wollen, wie hilfreich eine gute Vorbereitung auf den Ruhestand sei. Schon allein zu wissen, dass es Umstellungsschwierigkeiten geben könntc, hatte Kalk getönt, sei enorm wichtig, selbst wenn ein oder mehrere Hobbys vorhanden seien. Als ob der Doktor seinen Rat nötig hätte.

»Der Nächste, bitte!« Kalk steht auf, geht langsam, fast bedächtig in Richtung Garderobe. Er weiß, dahinter erwartet ihn der neue Doktor. Kalk will ihm eine Chance geben. Wenn es passt, will er ihn fragen: »Wissen sie schon, in welch‘ große Schuhe sie geschlüpft sind?

———

2007

Die Geschichte vom federleichten Wind

Vor zehn Jahren saß er schon einmal in diesem Zug. Barbara saß neben ihm und schmiegte sich in seinen Arm. Sie fuhren in ihren ersten gemeinsamen Urlaub. Eine Woche Sylt. Neuland für zwei, die sich seit acht Wochen kannten. Neun Monate später wurde Lydia geboren, mit Augen, so blau wie das Meer vor Sylt in der untergehenden Sonne, mit strandgelben Haaren und einem heiseren Brandungsgebrüll, wenn sie die Flasche wollte.

Warum kommt er zurück? Seine Ehe läuft nicht gut. Lange hält er das nicht mehr aus. Leben in einer Luft gespickt mit unausgesprochenen Schuldzuweisungen, kalt, schweigsam und lieblos. Ein Leben Rücken an Rücken. Das Klack, Klack des Zuges hämmert die Antwort Schwelle für Schwelle in seinen Kopf: Wenn er zurückfährt, will er wissen, ob und wie es mit Barbara weitergeht. Ein schütteres Lächeln huscht über sein Gesicht, als er in Westerland aus dem Zug steigt. Zum ersten Mal, seit er von zu Hause aufgebrochen ist, nimmt er die Umgebung wahr. Der kleine Kopfbahnhof mit den roten Backsteinziegeln hat etwas Anheimelndes, Vertrautes. Kann man dorthin nach Hause zurückkommen, wo man nur einmal war? Er reckt sein Gesicht in die bleiche Februarsonne. Seine Nase saugt gierig den Geruch von Meer und Salz ein. Die Rollen seines Koffers klappern über den Bahnsteig,

Türen schlagen zu, aus einem Lautsprecher bellt eine dunkle Frauenstimme. Er muss Leben in sein Leben bringen. Neues Leben – darum ist er hier.

Er drückt sich auf den Rücksitz des Taxis. Der Fahrer lässt ihn in Ruhe. Hinter Kampen wächst das Watt an die Straße heran, Dünen türmen sich wie eine Festungsmauer neben der Straße auf. Er presst sein Gesicht an die Scheibe. Ein paar Tage hat er sich frei genommen, um eine Antwort zu finden. Einsam, abgeschieden, vergraben zwischen den Dünen hinter dem Meer. Er weiß nicht, ob er sich freut.

Er bezahlt den Fahrer und schaut dem Taxi nach, das gemächlich die Straße zwischen den Dünen hinaufklettert, sich wie eine Tänzerin elegant durch zwei Kurven dreht und hinter der Kuppe verschwindet. Das also ist die Heimvolkshochschule Klappholttal: Drei Autos auf einem Parkplatz, ein schmaler Schotterweg, der irgendwo aus den Dünen kommt und zwischen den Dünen verschwindet.

Vielleicht zwanzig graue Hütten, die sich in die Dünen ducken, mittendrin ein klobiger Steinklotz, der wie eine Glucke die Hütten bewacht. Ein brauner Lattenzaun, der sich verirrt haben muss.

Sechzehn Stufen hoch schmiegt sich seine Hütte schutzsuchend an den Hang einer Düne. Warmes Holz empfängt ihn. Gemütliche braune Enge mit zwei Fenstern, die den Blick über die Hüttensiedlung freigeben auf die Dünenmauer im Osten am Rande des Watts. Er zieht sein Handy aus der Tasche und wählt die Nummer seiner Redaktion. Der Ruf geht nicht raus. Das Handy ist so tot wie seine Beziehung. Er ist nicht traurig, dass er keinen Empfang hat. Gerade richtig für einen, der nachdenken will.

Vorsichtig folgt er dem verwitterten, manchmal sandglatten Holzplankenweg über die Dünen zum Strand. Anders als sein Leben hat der Weg ein Ziel. Die letzten Stufen nimmt er im Laufschritt. Staunend schaut er auf das gurgelnde Meer, das im Fünfsekundenabstand seine Gischtwogen auf den Strand schleudert. Er denkt an die Diskussionen mit Barbara in der Garage, an die Argumente, die sie sich wie Brandungswellen entgegenwarfen – in die Worte des anderen hinein. Du bist Schuld, nur du! Immer seltener gehen sie friedlich auseinander. Immer öfter enden ihre Gespräche damit, dass einer seine Zigarette ausdrückt und bölkend verschwindet. So wie es das Meer nicht interessiert, wer seinem

Treiben zusieht oder zuhört, ist es ihnen längst egal, ob und was die Nachbarn mitbekommen.

Der grelle Ton des Weckers beendet seine unruhige Nacht, verscheucht die wirren Träume, die sich um Barbara, seine Recherche im Fall Amelunxen und die Kinder drehten. Schlaftrunken steigt er in seine Joggingklamotten und schaut aus dem Fenster. Über dem Watt schiebt sich die Sonne als glutrote Scheibe vorsichtig in den Tag. Er trabt am Strand entlang Richtung List. Ein kalter Wind massiert seine unrasierten Wangen. Die Sonne ist längst zu einem mattgelben Ball geschrumpft – wie seine Liebe zu Barbara. Ihre Art mit ihm umzugehen, ihre ewige Unzufriedenheit, ihr andauerndes Nörgeln, ihre ständige Geldgier, haben an seiner Liebe genagt wie das Meer an den Holzbuhnen vor ihm. Welle auf Welle klatscht auf das Holz und grölt den Möwen zu: »Wir schaffen das Holz! Wir schaffen das Holz!«

Barbara wird mich auch schaffen, denkt er, als er nach dem Duschen zum Frühstück geht. Wenn sie mich nicht schon geschafft hat. Er erschrickt, als sein Handy klingelt. Es gibt hier wenigstens eine Stelle ohne Funkloch, fährt ihm durch den Kopf. Drei Kurzmitteilungen sind eingetrudelt. Sein Chefredakteur fragt, wie weit er im Fall Amelunxen ist. Sein Büro signalisiert, es gäbe nichts Neues, er solle sich gut erholen. Barbara will wissen, warum er sich noch nicht gemeldet hat. Ärger steigt in ihm auf. Was soll das? Er hatte ihr doch von unterwegs gesimst, er wolle die nächsten Tagen keinen Kontakt, um in Ruhe über ihre Beziehung nachzudenken. So könne es nicht weitergehen! Ihre SMS beantwortet er nicht.

Ruhelos streicht er an diesem Tag durch die Dünen und zurück zum Strand, um erneut durch die Dünen zu irren. Er sieht nicht, was er sieht, und hört nicht, was er hört. Nur den Wind nimmt er wahr, der ihn umschwärmt wie ein Bienenschwarm, der ihn sticht oder schiebt, frieren lässt oder bedrängt. Dieser harlekinische Wind begleitet seine Gedanken, die sich um Barbara drehen, um Vergangenes und Zukünftiges, um Geliebtes und Erlebtes, um alles und nichts.

Als er am Abend hungrig und vor Kälte zitternd ins Bett fällt, zeigt seine Laufuhr achtzehn Kilometer an. Er hat das Essen vergessen und auch das, was er den Tag hindurch getan und gedacht hat. Er ist froh und entspannt. Zum ersten Mal seit Wochen.

Er schläft traumlos, tief und lang. Auf den letzten Drücker erscheint er zum Frühstück. Unrasiert und ungewaschen, aber hungrig auf den Tag. Er blättert die Zeitung durch. Jemand hat seine Frau umgebracht, weil sie einen Liebhaber hatte. Barbara hat keinen, da ist er sich sicher, aber er hätte auch so genug Gründe, sie umzubringen. Aber hätte Barbara die nicht auch?

Er zieht die Joggingschuhe an, um nach Westerland zu laufen. Ein steifer Wind lässt Sand und Nebelfetzen Pirouetten über den Strand tanzen. Er stemmt sich gegen den Wind, um voran zu kommen. Nach vorn gebeugt und mit schwerem Schritt trabt er am Kampener Kliff vorbei, aus dem Wintermeer und Winterstürme breite Stücke heraus gebissen und achtlos am Strand verstreut haben. Wie seine Liebe zu Barbara hat auch das Kliff den Stürmen nicht standhalten können.

Tief gebückt kommt ihm eine Frau entgegen. Eingewickelt in eine rot-braune Pferdedecke sucht sie nach Muscheln. Barbara liebt es, den Strand nach Muscheln abzusuchen. Sie hat ein Auge für seltene farbschöne Exemplare, freut sich wie ein Kind über jeden Fund. Vor Westerland belebt sich der Strand. Zwei Nordic-Walking-Gruppen stechen mit ihren Stöcken Löcher in den harten Strand, die der Wind sofort lachend und schmatzend mit frischem Sand verschließt. Eine Schülergruppe trainiert Bocksprünge. Ihr Lehrer brüllt Kommandos, die Wind und Wellen gierig schlucken. Niemand außer ihnen darf hier das Sagen haben.

Abrupt stoppt er am Kurkartenkiosk, der den Eingang zum Strand bewacht, und schaut auf die Uhr. Siebzig Minuten hat er für die zehn Kilometer vom Klappholttal nach Westerland gebraucht. Er ist zufrieden. Der Schweiß, der seine Locken mit Eiskristallen zuckert, stört ihn nicht, aber das klingelnde Handy. Barbara simst, er solle sich endlich melden. Er schreibt zurück, er hätte ihr geschrieben, er wolle in dieser Woche keinen Kontakt zu ihr. Er wolle in dieser Wind-Wellen-Dünen-Einsamkeit spüren, ob ihre Beziehung noch eine Chance hätte. Keine dreißig Sekunden später schreibt Barbara zurück, sie habe seine erste SMS nicht bekommen. Er solle bleiben, wo der Pfeffer wächst. Ihre Nachricht lässt ihn schmunzeln. Barbaras Zorn fliegt an ihm vorbei wie der Haufen kreischender Lachmöwen, für die im ablaufenden Wasser der Mittagstisch reich gedeckt ist. Ein Gedanke macht sich in ihm breit wie der Sand in seinen Laufschuhen. Hart an der Wasserkante läuft er zurück zum Klappholttal. Der Gedanke besiegt aufkommenden Hunger und Durst, drängt alles andere in ihm zurück. Er spürt nicht, dass er läuft. Der Gedanke lässt ihn schmunzeln oder nachdenklich das schweißnasse Gesicht verziehen. Wie eine Maschine setzt er automatisch Fuß vor Fuß. Nur sein siebter Sinn verhindert, dass er an der Treppe vorbeiläuft, die über die Dünen ins Klappholttal führt.

Er duscht länger als sonst, summt vor sich hin, spricht mit sich selbst. Dann zieht er seine wärmsten Sachen an: Thermohose, Norwegerpullover, Fleecejacke, Pudelmütze, Skisocken. Er hängt die Laptoptasche um, greift nach seinem Zimmerstuhl und schreitet zügig in Richtung Strand.

Dort setzt er sich auf den Stuhl, packt seinen Laptop aus, stellt ihn auf seine Oberschenkel, fährt ihn hoch, verschickt ein Lächeln an Wellen, Wind, Strand und Dünen und beginnt eine Geschichte zu schreiben, von der er bis heute nicht weiß, ob es nicht auch seine ist:

Der federleichte Wind

»Komm«, sprach der Wind und heulte leise, »komm ich nehme dich mit auf eine Reise, wie du sie noch nie erlebst hast!« Und er nahm mich mit auf seine Reise, trug meinen schweren Schritt, meinen keuchenden Atem, mein klopfendes Herz durch den Nebel hinauf auf die höchsten Dünen. Er zeigte auf die Dünen, die über dem Nebel wie Burgen hinaufwuchsen. Burg an Burg, weiße Burgen, schwarzbraune Burgen, grüne Burgen soweit mein Auge reichte.

Der Wind sprach: »Schau sie dir an, das sind die Burgen des Hasses, die du in deinem Leben gebaut hast.«

»Federleichter Wind«, sprach ich so laut ich nur konnte, damit er mich auch ja höre, »federleichter Wind, ich habe gehasst, aber dass ich so sehr gehasst habe, war mir nicht bewusst. Ich schäme mich dafür. Bitte bring mich nach Hause.«

Und der Wind sprach: »Unsere Reise ist noch nicht zu Ende.« Und er nahm mich mit, trug meinen schweren Schritt, meinen keuchenden Atem, mein klopfendes Herz durch die Dünen und den Nebel hinunter zum Strand. Er heulte laut auf und der Nebel verschwand. Er zeigte auf Berge von angetriebenem Strandholz. Kleine, unscheinbare Hölzer, nicht größer als die Äste junger Bäume. Er deutete auf lange dürre Latten, auf verfaulte Stämme, dick wie Eisenbahnschwellen. Vieler Lastwagen würde es bedürfen, das Holz wegzuschaffen.

»Schau es dir an«, sprach der Wind, »das Holz ist die Wut deines Lebens! Die kleine Wut, die du in dich hineingefressen hast, ist genauso dabei, wie die große, die deine Umwelt, deine Familie, deine Freunde, Bekannte und Unbekannte ertragen mussten. Alte, fast vergessene und verfaulte Wut von vor über dreißig Jahren ist genauso dabei wie junge Wut, die du an der noch hellen Farbe des Holzes erkennst.«

»Federleichter Wind«, sprach ich, so laut ich nur konnte, damit er mich ja höre. »Federleichter Wind, ich war wütend, oft wütend, aber dass meine Wut so stark und mächtig war, habe ich nicht gewusst. Ich schäme mich dafür. Bitte bring mich jetzt nach Hause.«

Und der Wind sprach: » Unsere Reise ist noch nicht zu Ende.« Und er nahm mich mit, trug meinen schweren Schritt, meinen keuchenden Atem, mein klopfendes Herz an den Rand des Meeres, dessen mächtige Wellen sich brachen und mit weißen Schaumkronen den Strand hinaufliefen.

»Schau dir die Wellen an«, sprach der Wind, »mit solchen Wellen hast du die Freude in dir, die Freude bei anderen gebrochen, hast ‚Leistung' gerufen oder ‚weitermachen' oder ‚aufhören' oder ‚wir sind noch nicht am Ziel'. Tränen, so weiß und zahlreich wie die Schaumkronen, haben viele um dich herum geweint. Erinnerst du dich?«

»Federleichter Wind«, sprach ich, »ja, ich erinnere mich, erinnere mich an viele Tränen, aber dass es so viele waren ... Ich schäme mich dafür. Bitte bring mich jetzt nach Hause.«

Und der Wind sprach: »Unsere Reise ist noch nicht zu Ende.« Und er nahm mich mit, trug meinen schweren Schritt, meinen keuchenden Atem, mein klopfendes Herz über den Strand, eine endlos lange Zeit über den Strand. »Schau dir die Sandkörner an«, sprach der Wind. »So wie jeder deiner Schritte hunderte und aberhunderte von Sandkörner getreten hat, so hast die die Liebe von anderen getreten mit deinem Egoismus, deiner Habgier, deiner Selbstzufriedenheit.«

»Federleichter Wind«, sprach ich, »ich weiß, dass ich die Liebe von anderen sehr oft nicht erwidern konnte, weil ich viel arbeiten musste, gefordert war, immer mein Bestes geben wollte und der Tag doch nur vierundzwanzig Stunden hat, aber so oft und so viel? Ich schäme mich dafür. Bitte bring mich jetzt nach Hause! Aber sage mir noch, was soll ich tun? Mein Leben hat seinen Zenit längst überschritten, ich habe nicht mehr viel Zeit, meinen Hass, meine Wut ungeschehen zu machen, Freude zu zeigen und zuzulassen, Liebe zu geben und anzunehmen.«

Und der Wind sprach: »Unsere Reise ist zu Ende. Ich will Dir zeigen, was Du tun kannst. Schau vor dich hin auf den Boden und sage mir, was du siehst.«

Ich schaute vor mich hin und sprach: »Federleichter Wind, ich sehe Hunderte von Muscheln, alle etwas länger als mein Zeigefinger, manche in beige, manche bläulich schimmernd, andere fast bunt. Und alle liegen in Paaren zusammen.«

»Höre«, sprach der Wind, »auf den Rat, den ich dir gebe. Immer wenn dich jemand froh stimmt, der dir begegnet, immer wenn dich das Lachen eines anderen glücklich macht, immer wenn du einem anderen zugehört hast, ohne gleich deine Geschichte zu erzählen – immer dann nimm ein Paar dieser Muscheln und verschenke die eine Hälfte an den anderen. Die andere Hälfte behalte für dich.«

»Federleichter Wind«, sprach ich, »was haben die Muscheln mit meiner Wut, meinem Hass, meiner Freude, meiner Liebe zu tun?«

Und der Wind sprach: »Jedes Paar, das du so teilst, lässt deine Dünen niedriger, dein Strandholz weniger, deine Wellen sanfter und deinen Schritt auf den Sandkörnern schwebender werden.«

»Federleichter Wind«, wollte ich sprechen, aber der Wind hatte aufgehört. Nur noch eine leichte frische Brise wehte. Ich war allein mit meinem schwerem Schritt, meinem keuchenden Atem und meinem klopfenden Herzen. Ich bückte mich, nahm ein besonders schönes Paar fingerlanger Muscheln und wusste sofort, wer die erste Hälfte dieses Paares bekommen würde.

2007

Radierungen

Seine Hände waren mir zuerst aufgefallen. Hände breit und schwer wie die Hufeisen in meinen Kindertagen, mit Fingern, die mich an die klobigen Wachsmalstifte erinnerten, die meine Tochter so gerne benutzt hatte. Diese Hände, diese Finger sollten jene Schnecke und jenen Krebs geschaffen haben, die mich hierher gebracht hatten.

Im Schulungszentrum für Manager einer großen Firma hatte ich Schnecke und Krebs zum ersten Mal gesehen. Sie waren Teil einer Ausstellung, in der Hobbykünstler der Firma ihre Werke präsentierten: Schnecke und Krebs, zwei Bleistiftzeichnungen, Linien so fein wie Haare in hellem Grau auf weißem Papier. Jede Zeichnung im Querformat und nicht größer als ein DIN A5-Blatt, eingelegt in einen unscheinbaren schmalen grauen Holzrahmen. Würde meine Frau sich darüber freuen, wenn sie Schnecke und Krebs zum Geburtstag bekäme? Würde der Künstler seine Werke verkaufen?

Deswegen also saß ich im Wohnzimmer eines Siedlungshauses aus den 50er-Jahren, saß inmitten einer Unzahl von Bildern in allen Formaten, dicht an dicht und scheinbar wahllos an allen vier Wänden nebeneinander gehängt. Ich suchte nach Schnecke und Krebs, fand sie schließlich einsam und allein hängend auf dem schmalen Tapetenstreifen zwischen einem Vertiko und dem großem Fenster zum Garten. Und wieder die gleiche Frage: Dieser Hüne, diese einhundertzehn Kilo, diese Einmeterachtundneunzig, können so weich, so zerbrechlich anmutende Dinge zu Papier bringen? Dieser massige, fast kahle Kopf soll diesen Linien Leben eingehaucht haben? Nur die Augen des Riesen, die nie still zu stehen schienen, die Wärme und Güte ausstrahlten, die mich anzogen wie Schnecke und Krebs, ließen aus Ahnung Gewissheit werden.

Ob ich die beiden Bilder neben dem Vertiko für meine Frau zum Geburtstag kaufen könne, fiel ich mit der Tür ins Haus. Natürlich nur, wenn ich sie bezahlen könne. Der Riese schien die Frage nicht gehört zu haben, er stand auf, zeigte auf verschiedene Bilder an den Wänden. Dieses Stillleben würde meiner Frau sicherlich noch besser gefallen oder jenes. Und wenn nicht dieses oder jenes, dann vielleicht der grün-braune, Vergänglichkeit symbolisierende Herbstapfel direkt über dem Lichtschalter. Ich schüttelte den Kopf. Nein, nur die beiden Bleistiftzeichnungen neben dem Vertiko kämen in Frage. Jedes Kopfschütteln beantwortete der Riese mit dem Hinweis auf ein weiteres Bild, das meiner Frau einfach besser gefallen müsse. Schnecke und Krebs seien doch Versuche, grau weiße, misslungene Versuche ... Ich blieb standhaft, bekam Schnecke und Krebs, weil ich mich in den Sessel drückte, kein anderes Bild in die Hand nahm und solange den Kopf schüttelte, bis er ja sagte. Versprechen musste ich, die Bilder zurückzubringen, wenn sie meiner Frau nicht gefielen, versprechen musste ich auch, sie nie zu verkaufen. Es seien die ersten Bilder gewesen, die er gezeichnet habe, in der Volkshochschule, in seinem ersten Kurs, am zweiten von acht Abenden. Fünf Jahre sei das jetzt her.

Wenige Tage später kaufte ich seine erste Radierung, ein düsteres Schachbrett, nicht viel später als Schnecke und Krebs entstanden. Diesmal kamen wir ins Gespräch. Er arbeite im Presswerk, müsse mit einem Kollegen Stahlbleche in eine Presse einlegen, die etwas größer seien als die Autotür, die die Presse dann ausspucken würde. Zweihundertfünfzig Mal während einer Schicht. Sieben Stunden und vierzehn Minuten lang. Er trage Ohrstöpsel während der Arbeit, könne sich nur in den Pausen mit den Kollegen unterhalten, aber am liebsten hätte jeder seine Ruhe, auch er. Im Schlaf verfolge ihn der eintönige Gesang der Pressen. Dieses taram, taram, peng, taram, taram, peng, raube ihm manchmal den Schlaf. Nach der Nachtschicht sei es besonders schlimm. Er wolle nicht nur immer taram, taram, peng denken, habe Angst gehabt zu verblöden und deshalb mit dem Zeichnen und Malen angefangen. Nein, seinen Kollegen könne er das nicht erzählen und die Chefs sprächen nicht mit einem wie ihm. Warum ich denn nun schon zum zweiten Mal zu ihm gekommen sei?

Kaum sechs Wochen mochten ins Land gegangen sein, da verschenkte ich seine erste zweifarbige Radierung – ein hellblaues Dreieck, das in ein beigefarbenes Viereck hineinlief – mit der Bemerkung an einen Freund, der Künstler sei in seinem richtigen Leben Presswerker – hintere linke Tür, mit Ohrstöpsel. Eine Bemerkung, die der Freund nicht verstand und für die ich mich erst Wochen später und dann immer wieder schämte. Aber der Riese, der Peter hieß und für mich immer Herr Schulte blieb, war kein richtiger Presswerker mehr. Die Gewerkschaft, einflussreich und mächtig in seiner Firma, hatte ihn gebeten, eine Radierung für die Kollegen mit fünfundzwanzigjährigem Dienstjubiläum zu schaffen, eine Stilisierung der Fabrik, der Hallen, der Schlote. Er habe sich damit schwer getan, weil er die sozialistischen Arbeiterbilder nie gemocht habe. Nach einer Schicht im Presswerk ginge niemand heroisch mit gestrecktem Kreuz und erhobenem Kopf nach Hause. Die Gewerkschaft sei lange mit seinem Werk unzufrieden gewesen, immer wieder hätte er korrigieren müssen. Manchmal habe es ihm leid getan, den Auftrag überhaupt angenommen zu haben. Aber der Vorsitzende der Gewerkschaft und auch der Geschäftsführer seien ganz anders gewesen, als immer erzählt würde. Sie hätten mit ihm diskutiert, im Sitzen und bei einer Tasse Kaffee diskutiert. Jetzt wisse er, was mit gleicher

Augenhöhe gemeint sei. Von mir wollte er wissen, warum ich mich so für das Thema Circus begeistern könne, er habe an seiner Presse Circus genug.

Ich verstehe wenig von Kunst, kann nicht beurteilen, ob die Sanduhr, Druck neun von neunundzwanzig, die ich Herrn Schulte ein halbes Jahr später abkaufte, künstlerisch wertvoll war. Aber ohne ein Bild und die manchmal traurigen, oft lustigen, immer gut beobachteten Geschichten, die dazu gehörten, konnte ich sein Wohnzimmer nicht mehr verlassen. Mir gefiel der Spruch unter der Sanduhr: Carpe diem, nutze den Tag. Für ein ähnliches Motiv habe er vor einigen Wochen auch vom Vorstand einen Auftrag bekommen, erzählte Herr Schulte. Nur mit Firmenlogo, dreifarbig und neunundvierzig Drucke. Natürlich habe der Vorstand nicht persönlich mit ihm gesprochen, aber die Personalchefin. Der Vorstand habe seine Arbeiten für die Gewerkschaft gesehen und wolle unbedingt, dass er auch für ihn arbeite. Vielleicht könne er das mit der Gewerkschaft dann sein lassen, der Vorstand würde in jedem Fall mehr bezahlen. Geld spiele keine Rolle, nur die Qualität zähle, nicht nur bei den eigenen Produkten, auch bei den Geschenken, die hochrangige Besucher aus aller Welt in der Firmenzentrale erhielten. Jede Firma auf der Welt könne sich glücklich schätzen, einen Künstler wie ihn unter den eigenen Mitarbeitern zu haben. Ob es denn stimme, dass er schon über zwanzig Kurse besucht habe, um seine Technik weiter zu verbessern? Mit dem renommierten Kunstverein in ganz Europa unterwegs sei, um Ausstellungen großer Künstler zu besuchen? Ja, richtig nett sei die Personalchefin gewesen. Sie habe ihn an seiner Presse besucht, die angehalten werden musste, damit sie sich verstehen konnten. Ach ja, verstehen konnte sie auch, dass er weiterhin für die Gewerkschaft arbeiten wolle und über das Geld könne man ja noch reden, wenn er den ersten Entwurf vorbeibrächte.

Acht Wochen später, die Kastanie im Garten trug schwer an ihren Blüten, war Herr Schulte unser Gast. Er brachte mir seinen ersten Clown mit. Den Erstandruck einer vierfarbigen Radierung: Dunkelblauer, fast schwarzer Hintergrund, aus dem farblich kaum abgehoben ein Circuszelt herauswächst. Davor in dezentem Blau der Körper eines Clowns. Anstelle des Kopfes trägt der Clown einen leuchtend roten Ball. Herr Schulte erläuterte der Familie und mir die Technik der Radierung. Wer wollte, durfte sich nach Tisch an einer Radierung versuchen und die Erfahrung machen, wie viel handwerkliche Kunst es für eine Platte braucht. Ich lernte, dass für meinen vierfarbigen Clown vier Platten nötig waren, die millimetergenau ineinanderpassen müssen. Erst als ich Herrn Schulte in den Mantel half, fragte ich nach dem Vorstandsauftrag. Alles sei bestens gelaufen, sagte er. Er könne wohl mit Folgeaufträgen rechnen. Zum

Glück habe er dafür in Zukunft mehr Zeit. Seit zwei Wochen arbeite er nicht mehr im Presswerk. Die Zeit der Knochenmühle, der Maloche, der Drei-Schicht sei vorbei. Er arbeite seit Mai in Normalschicht von 7.30 bis 16.00 Uhr, trage die Post in die Angestellten-Büros aus. Nur Schlipsträger, wichtige Leute, Doktoren, Bereichsleiter, Vorzimmerdamen. Noch immer mache er die Türen zu den Büros ganz, ganz vorsichtig auf, weil er Angst habe, dahinter könne es laut sein. Er werde sicherlich noch ein paar Wochen brauchen, um sich an die Lautlosigkeit zu gewöhnen. Unbändig freue er sich darüber, dass er jetzt jede Woche an seinem Portraitkurs teilnehmen könne. Ob wir nicht einmal zusammen in einen Circus gehen könnten? Sein letzter Besuch läge bestimmt schon vierzig Jahre zurück.

Im August steckte mir jemand die Werkszeitung in den Briefkasten. Berliner Format, so groß und dick wie eine Tageszeitung am Samstag. In die Titelseite in dicken roten Lettern quer eingedruckt: Auflage 45.000. In der rechten Randleiste ein Foto von Herrn Schulte in einem neuen, ungebrauchten blauen Arbeitsanzug mit Firmenlogo auf der Brust. Seine Hände stecken in den unförmigen Handschuhen, mit denen er einst die Blechplatten in die Presse legte. Sie halten das Bild für den Vorstand in die Höhe. Bildunterschrift: Kunst kommt von Können, Seite 3. Diese Seite gehört ihm, ganz allein ihm. Seine Karriere wird beschrieben: Vom Teileeinleger, 22

Jahre lang, zum innerbetrieblichen Postboten. Schulte habe nie aufgehört zu lernen. Zeichnung, Radierung, Weiterbildung, erst einfarbig, jetzt vierfarbig, lernen, probieren, machen, können. Jeder habe eine Chance. Schulte hätte sie genutzt, sei immer freundlich und hilfsbereit. Fotos von Schulte an der dreckig grünen Presse, gestellte Fotos, die den Riesen vor dem achtzehn Meter hohen

Ungetüm winzig und ungelenk aussehen lassen. Schulte in Sakko, weißem Hemd und Krawatte vor dem Schreibtisch der Personalchefin; stehend, die Vorstands-Radierung überreichend.

Schulte, in einem rot-weiß karierten, kurzärmeligen Hemd, sitzend, im Gespräch mit dem Gewerkschaftsvorsitzenden.

Auf der ausladenden Tischplatte verlieren sich zwei Tassen, ein Teller mit Keksen und eine Blumenvase mit langstieliger Rose. Von der Wand lächeln die großformatigen Fotos der Vorsitzenden der letzten vierzig Jahre. Schulte zu Hause an seiner kleinen Druckmaschine. Das einzige Foto, auf dem er gelöst und zufrieden wirkt. Ich freue mich für ihn.

Noch nie hatte ich mit Herr Schulte tagsüber telefoniert. Ich rufe ihn am frühen Vormittag an. Gratuliere zu dem fantastischen Artikel, gratuliere zum Durchbruch, will wissen, wie es weitergeht. Wie denn seine Kunden in den Büros auf den Artikel reagiert hätten, frage ich. Seine Antwort kommt zögernd, stockend, mit langen Pausen zwischen den Worten: »Es gibt jetzt Sekretärinnen, die sagen ‚Guten Tag', wenn ich mit meinem Postwagen in das Büro komme.« Und ein ganz wichtiger Mann, Ebene gleich unter dem Vorstand, habe ihn angesprochen: »Wenn ich gewusst hätte, wer Sie sind, hätte ich mich schon viel früher mit Ihnen unterhalten. Ich liebe Radierungen.«

2008

Die Wohnung

Die Wohnung stand schon einige Wochen leer. Vor Weihnachten meldeten sich nur die Beziehungskrisen des Wochenendes: Männer, die in der Nähe ihrer Kinder bleiben wollten, Frauen, die nicht ins Frauenhaus wollten oder nicht wussten, dass es so etwas gab. Darauf ließ er sich nicht ein. Seine Erfahrungen mit potentiellen Scheidungsfällen waren nicht gut. Sie blieben meist nicht lange, oft rannte er hinter der Miete her. Er hatte die Wohnung trotzdem wieder annonciert. Fünf Tage vor Heiligabend hatte er wenig Hoffnung, einen geeigneten Mieter zu finden, aber vielleicht ... Er wollte nichts unversucht lassen, hoffte auf sein Glück.

Es hatte einige Anrufe gegeben mit den üblichen Fragen nach Nebenkosten, Baujahr und Zustand der Wohnung. Echtes Interesse hatte nur ein Paar. Mit denen hatte er sich verabredet. Sie war klein und schmächtig, mit winterbleichem Gesicht, die langen brünetten Haare schaukelten als Pferdeschwanz gebunden auf einem dunklen Steppanorak, der sich in Bauchhöhe beulte wie eine große Wasserblase. Der Mann war nur wenig größer als seine Frau. Der massive Stiernacken und ein Bauch, der über die lehmbefleckte Hose drückte, waren Zeichen von zu gutem Essen, vielleicht auch von zu viel Bier und zu wenig Bewegung. Der Dreitagebart gab dem Gesicht etwas Ungepflegtes, harmonierte aber prächtig mit dem Dreck unter den Nägeln der kurzen, fleischigen Finger. Dreck, der noch älter als der Bart sein mochte. Der Mann war ihm auf den ersten Blick unsympathisch. Auf solche Typen konnte er nicht. Der Frau, das wusste er sofort, konnte er nichts abschlagen.

Das Paar schaute sich flüchtig in der Wohnung um, hatte wie schon am Telefon wenig Fragen, wollte die Wohnung sofort mieten. »Meine Frau ist schwanger, das Kind kommt im April. Unsere Wohnung gleich um die Ecke ist voller Schimmel und der Vermieter macht nichts. Wir haben keinen Balkon und wenn das Kind da ist, wollen wir auf dem Balkon rauchen«, erzählte der Mann leise und lächelte dabei verlegen, die Hände tief in den Taschen einer lindgrünen Windjacke vergraben, die für einen ortsbekannten Blumenladen warb. Die beiden sind nicht auf Rosen gebettet, dachte er. Die Miete könne er bezahlen, sagte der Mann, als ob er seine Gedanken erraten hätte. Er habe einen Zeitarbeitsvertrag, aber nicht in seinem erlernten Beruf als Maler. Wenn der Vertrag in der Kühlschrankfabrik nicht verlängert werde, kämen sie – wie vorher schon - auch mit dem Arbeitslosengeld zurecht und er zu seiner Miete. Noch vor Weihnachten wollten sie einziehen. Weihnachten ohne Schimmel sei ein schönes Geschenk. »So viele

Sachen haben wir nicht«, sagte der Mann. »Das schaffen wir locker an einem Nachmittag«.

»Schlafen Sie eine Nacht darüber«, hatte er ihnen gesagt. »Wenn Sie die Wohnung dann immer noch wollen, rufen Sie mich an«.

Gleich um acht Uhr am nächsten Morgen hatte sie angerufen, mit Hoffnung in der Stimme und einem lauten Fernseher im Hintergrund. Lange hätten sie schon vergeblich eine Wohnung in der Nähe gesucht. Endlich habe es geklappt. Jetzt brauche sie keine

Weihnachtsgeschenke mehr. Sie verabredeten, den Mietvertrag am nächsten Tag um die Mittagszeit bei ihm, dem Vermieter, abzuschließen. »Bitte vergessen Sie Ihren Personalausweis nicht«, hatte er noch hinzugefügt, bevor er auflegte.

Es blieb nicht der einzige Anruf an diesem Vormittag. Ein weiteres Paar wollte sich die Wohnung ansehen. Sie trafen sich am Nachmittag. Die Frau war schlank und vielleicht einen Meter fünfundsiebzig groß. Lange blonde Haare fielen über ihre Schultern auf einen weißen Lammfellmantel. Ihm gefiel der Kontrast zu der schwarzen Cordhose und den gleichfarbigen Stiefeln. Ihr Mann war nur wenig größer als sie. Ein sportlicher Typ mit dunklem Teint und den langen Fingern eines Klavierspielers.

Unter dem offenen Dufflecoat trug er einen dunkelbraunen Rollkragenpulli. Sie sahen aus wie Leute mit fester Arbeit und gutem Sparbuch, hatten viele Fragen zur Wohnung, diskutierten mit ihm, wie sie ihre Möbel stellen könnten. Offensichtlich, dachte er, haben sie nicht nur bei der Kleidung Geschmack. Die Wohnung gefalle ihnen, sagten sie beim Abschied, als sie in den großen BMW stiegen, aber sie bräuchten noch ein paar Tage, um sich zu entscheiden, wollten sich auch noch andere Wohnungen ansehen. Ob er das verstehen könne? Er verstand und gab ihnen drei Tage.

Das Paar von gestern war nicht zu erreichen. So oft er auch wählte – und er versuchte es den langen Abend und am nächsten Morgen noch vor dem Frühstück-, die Leitung blieb stumm. Er fluchte auf die Leute ohne Anrufbeantworter, die einem wie ihm die Zeit stehlen. Gegen Mittag kletterten sie vor seinem Haus aus einem kleinen verbeulten, dreckstarrenden gelben Twingo. Beide in den Klamotten des Vortags, als ob sie darin geschlafen hätten. Er erwartete sie auf der Straße. Lächelnd kam sie auf ihn zu, ihr Mann schlurfte hinterher und verzog keine Miene. Er überfiel die beiden mit seiner schlechten Nachricht, als sie noch zehn Schritte von ihm entfernt waren. Es gäbe da noch eine andere Familie, die sich für die Wohnung interessiere, sagte er. Leider. Das Lächeln verschwand ruckartig aus ihrem Gesicht, machten Tränen Platz, die in der Wintersonne schimmerten wie Tautropfen im Frühling. Ihr Mann schaute stumm auf den Boden, als ob er etwas verloren habe, und steckte sich eine Zigarette an. Erst beim dritten Versuch blitzte das Feuerzeug auf. Tief zog er den Rauch in die Lunge, pustete ihn in breiten Ringen in die Luft und schaute hinterher. So müssen Indianer aussehen, wenn sie Rauchzeichen geben, dachte er.

Sie müssten sich ein paar Tage gedulden, bis die anderen sich entschieden hätten, sagte er steif und versuchte, seine Verlegenheit zu überspielen. Erst dann könne er sich entscheiden. Er bitte um ihr Verständnis. Oh, wie er diese Floskeln hasste. Sie waren noch schlimmer als die Alltagssätze über Wetter, Busverspätungen oder Lottozahlen, die er sonst abspulte. Höfliche Floskeln als Tarnung für ein gebrochenes Versprechen. Die Verabschiedung war kurz. Kein Händedruck, keine Aussage, wann er sich wieder bei ihnen melden würde.

Er wartete nicht, bis der Twingo hustend um die Ecke gebogen war. Er ging sofort ins Haus, und es ging ihm nicht gut. Er sah die bittenden Augen der Frau, die zarten Hände, die unter dem schweren Bauch lagen, als müssten sie ihn stützen. Er dachte an den Mann, der bald Vater werden und dessen Vertrag vielleicht nicht verlängert würde, die dann folgende Abhängigkeit von staatlicher Stütze. Er sah die hochschwangere Frau, die rauchend einen Weihnachtsbaum schmückte - inmitten von schimmelnden Wänden, silbrig flimmernd wie das Lametta am Baum. Wie das Kind wohl aussehen würde? Schmächtig wie die Mutter oder kugelig rund wie der Vater? Ob sich die beiden schon einen Namen überlegt haben? Wie war das damals gewesen? War nicht auch die hochschwangere Maria abgewiesen, fortgeschickt worden? War er nicht genauso? War er nicht auch einer von den Wirten, die in den Krippenspielen in der Kirche am Heiligen Abend Maria und Josef mit fadenscheinigen Begründungen wegschicken? Hatten seine Kinder nicht auch schon so einen Wirt spielen dürfen und sagen müssen: »Nein, nein, ich lasse euch nicht ein!« Das sei vor über zweitausend Jahren gewesen, hatte er ihnen geantwortet, als sie fragten, ob es heute noch solche Wirte gäbe.

Als er am späten Abend mit seiner Frau nach dem Kino nach Hause fuhr, wusste er kaum noch, was er gesehen hatte. Er sei mal wieder eingeschlafen, meinte seine Frau. Wie er bei so einem Thriller, noch dazu mit Robert de Niro in der Hauptrolle, schlafen könne? Er antwortete nicht, hing, wie schon im Kino, seinen kreisenden Gedanken nach. Wie ein tosender Fluss hatten sich seine Gedanken mal hierhin mal dorthin gestürzt, nirgendwo und überall Halt gemacht. Fließende Gedanken auf der Flucht wie de Niro vor dem brutalen Killer.

Ein Anruf war auf seinem Anrufbeantworter. Das Paar mit Geschmack, fester Arbeit und BWM hatte sich entschieden. Sie bräuchten keine drei Tage. Sie nähmen die Wohnung. Ob sie am morgigen Abend vorbeikommen könnten, um den Mietvertrag zu machen? Bis um dreiundzwanzig Uhr dreißig könne er zurückrufen. Seine Frau fand es klasse, als Vermieter eine Alternative zu haben und nicht den Erstbesten nehmen zu müssen, um langen Leerstand zu vermeiden. Sie würde die beiden mit dem großen Schlitten und dem festen Job nehmen, da gäbe es für sie gar kein Vertun. Solvente Mieter seien gut für's Konto. Das allein zähle. Es sei noch nicht zu spät, um zurück zu rufen. Ob er nicht ...? Er rief nicht zurück.

So spät am Abend habe er keine Lust mehr zu telefonieren, meinte er unwirsch. Das wisse sie doch.

Er schlief schlecht in dieser Nacht, träumte von Josef, der mit einer Zigarette in der Hand einen dreckigen gelben Esel führte. Auf dem saß Maria, eingehüllt in einem in der Sonne glühenden Anorak, schmal und schmächtig, mit einem Bauch so rund und groß wie die Seifenblasen von Pic, dem Clown, ihre tränenroten Augen schienen auf ihn gerichtet. Ein dicker BMW, fuhr aufgeregt hupend vorbei.

Der Esel machte einen erschreckten Satz zur Seite. Maria stürzte in Josefs Arme und brach in Tränen aus. In dem geöffneten Schiebedach des Autos stand eine Frau, Typ Model, ihre blonden Haare flatterten wie eine Fahne im Wind. Die grellblau geschminkten Lippen taten ihm weh wie Graffiti auf einer frisch geweißten Wand, eine viereckige Sonnenbrille hing wie ein Vorhang vor ihren Augen. Sie winkte mit beiden Händen und schrie immer wieder: Wir haben sie, die Wohnung! Wir haben sie! Er zog die Decke über den Kopf. Als ob jemand einen Fernseher vom Strom getrennt hätte, so schnell verschwanden die Bilder aus seinem Kopf. Dafür hörte er eine Stimme, die ihn anblaffte: »Wenn du uns die Wohnung gegeben hättest, hätte Maria keine Fehlgeburt gehabt.«

Um sechs Uhr quälte er sich aus dem Bett. So fühlt sich jemand nach drei durchzechten Nächten, dachte er. Gut, dass ich nicht trinke. Die Sätze in seiner geliebten Morgenzeitung verschwammen vor den Augen, ergaben auch nach mehrmaligem Lesen keinen Sinn, blieben bedrucktes Papier in einer unverständlichen Sprache. Immer wieder schaute er auf die Uhr. Um acht Uhr ging er zum Telefon und wählte. Es läutete nur einmal durch, dann war sie am Apparat. »Kommen Sie vorbei«, flüsterte er in den Hörer. »Sie kriegen die Wohnung. Tut mir leid, das mit gestern. Es ist doch bald Weihnachten.«

Sie sagte kein Wort. Er konnte ihren Atem hören, leise, zischend und stoßend, als würde ein Fahrrad aufgepumpt. Als er ihre Tränen sah, legte er auf.

2008

Die Dünenmulde

Michael erzählte mir die Geschichte, als wir am Strand spazieren gingen. Sie war so unwirklich wie der Strand selbst. Der silberne Mond hatte sich ein breites Loch in die drohend schwarzen Wolkenberge geschnitten, erwärmte unseren Weg hart an der Wasserkante, beleuchtete die Bühne für schwarz-weiß gesprenkelte Wellen, die wie junge Dalmatiner übereinander fielen und jaulten: Glaub ihm nicht, glaub ihm nicht! Der messerscharfe Wind schlug dazu die Trommeln, die rhythmisch skandierten: Es könnte so sein, es könnte so sein! Ich weiß heute noch nicht, wem ich glauben soll.

Ich wurde, so begann Michael, ein Teil der Geschichte, als manches längst passiert, Vergangenheit für einen und für andere noch Zukunft war. Karen war schwanger, als sie mit Peter, ihrem Mann, die Insel besuchte. Zuerst zeigte er ihr das Landschulheim, in dem er als Schüler mehrmals unvergessliche Wochen verbracht hatte. Dann spazierten sie Hand in Hand über den menschenleeren Strand. Karen erinnerte sich genau, wie sie ihre ewig kalten Hände in Peters ofenwarmen, vom Handballspielen breit gewordenen Handtellern vergraben hatte. Sie sprachen über das Ungeborene in ihrem Bauch, auf das sie sich freuten und das sie damals noch Fräulein Unbekannt nannten. Am Abend fuhren sie zum Biikefeuer. Februar muss es gewesen sein. Im August wurde aus Fräulein Unbekannt ihre Tochter Leoni.

Vier Jahre später war sie mit Herrn Ganzruhig im dritten Monat, als Peter krank wurde. Aus der ganz schnell und immer wieder verworfenen Ahnung wurde nach drei bangen Wochen Gewissheit. Peter kämpfte um sein Leben. Leukämie ist kein leichter Gegner. Karen rang um das Leben von Herrn Ganzruhig. Sie gewann den Kampf um das Kind. Herr Ganzruhig, der nun Max hieß, war noch keine zwei, als sie seinen Vater beerdigten.

Für Karen ging das Leben nach außen weiter wie bisher. Sie musste stark sein, wo sie wünschte, auch schwach sein zu dürfen. Sie war alleinerziehende Witwe und noch keine vierzig. Sie musste arbeiten, um das Haus zu halten. Niemand fragte sie, wie es ihr ginge ohne Mann, aber mit einem Sack voll Problemen. Sie redete mit dem Staubsauger, ihre Tränen trockneten im Kopfkissen. Die Kinder waren Erinnerung an einen Mann, den sie geliebt, und an ein Leben, das sie verloren hatte. Sie träumte von diesem Leben, wenn die Kinder schliefen und die Sterne ihr gute Nacht sagten.

Max feierte den fünften Geburtstag. Noch einmal wollte Karen denselben Weg wie damals mit Peter gehen: Landschulheim, Strand, Dünen. Es war Sommer. Sie legte sich in eine der Dünenmulden, geschützt vor dem Wind, den Blicken, den Sorgen.

Sie schloss die Augen und träumte von den unwiederbringlichen gemeinsamen Zeiten.

Ich strich, erzählte Michael, gegen meine Gewohnheit, ungeachtet der Warnschilder und wider die Schutzzäune durch die Dünen. Noch heute weiß ich nicht, was ich gesucht habe. Ich sah Karen in der Mulde liegen, setzte mich an den Rand wie in einen Kinosessel und schaute ihr zu. Mit geschlossenen Augen lag sie da, lang gestreckt mit ausgebreiteten Armen, als schwimme sie auf dem Rücken. Ich wunderte mich über den Spruch auf ihrem rot-weißen T-Shirt. Wie kann eine erwachsene Frau, so hübsch, so wohlgeformt und mit so widerspenstigen Locken mit so einem Spruch herumlaufen: Ist Liebe nur ein Wort? Ich überlegte, ob ich sie wecke sollte, weil doch die Sonne so unbarmherzig brannte und sie eine so zarte weiße Haut hatte.

Ich rutschte vom Rand in die Mulde, was nicht geräuschlos vonstattenging. Sie rührte sich nicht, was mich Schlimmes befürchten ließ. Als ich vor ihr stand, signalisierte mein Herz Entwarnung. Gleichmäßig hoben und senkten sich ihre kegelförmigen Brüste. Ich kniete mich an ihre Seite und näherte meinen Kopf langsam ihren Lippen, die mich rot, süß und reif wie die Kirschen im Juli magisch anzogen. Erst als ihr Atem meine Nase streichelte, hielt ich an.

Was tust du, fragte der Verstand? Aber mein Herz hatte seine Tore längst verriegelt, lies nur noch ein, was ihm gefiel. Ich küsste ihre Wange, erst zart, so wie ich Bekannte begrüße, denen ich in der Stadt begegne, dann ihren Mund. Ich wartete auf ihren Schrei, auf Kratzen und Beißen, wie ich es von Filmen her kannte.

Karen öffnete die Augen und träumte aus einer anderen Welt mit grünblauen leeren Augen durch mich hindurch. Sie schlang die Arme um mich und erwiderte meinen Kuss vorsichtig, zärtlich und mit trockenen Lippen. Bald vergrub sich ihre Zunge in meinem Mund, feucht und lockend. Durst, ich habe Durst, so lange Durst gehabt, glaubte ich zu hören, während meine Hände durch ihr Engelshaar glitten.

Mehr ist nicht passiert. Aber dafür lege ich meine Hand nicht ins Feuer. Ich kann mich erst erinnern, dass sie am Strand – in meinem Arm geborgen - unter einem Meer von Feuer sprühenden Sternen, bewacht von einem rosenfarbenen Mond, nach meinem Namen fragte.

»Wir bleiben zusammen«, antwortete ich. »Hm«, meinte sie, »kein merkwürdiger Name für einen, der fünfzehn Jahre älter ist als ich.«

2009

»Der fliegende Holländer«

Aus dem Büro nach Hause geflogen. Die einhundertzwanzig PS des schwarzen Nobelschiffs blähen die Segel bis zum Zerreißen. Meine Senta erwartet mich aufgestylt und mit bösem Blick. Ich bin wie immer spät dran. Ein Brot liegt bereit - mit Holländer belegt. Nicht mein Geschmack. Ein Bissen reicht. Ich segele weiter. Ins Schlafzimmer. Drei Aufzüge liegen vor mir, aber erst muss ich in den Anzug. Nehme ich dem Anlass entsprechend den schlichten, marineblauen? Oder den neutralen beige? »Steuermann lass die Wacht« dröhnt durch das Haus. Die Kinder habe eine CD eingelegt – Hilfe oder Zynismus? Gerne würde ich mich ins Bett legen, den Tag beschließen, der kein guter war. Eine Menge Probleme hatten sich auf meinen Schreitisch verirrt, waren dort umhergeschwirrt, an Land gegangen, wieder abgetaucht, um bald aufs Neue zu erscheinen. Sie fanden keine Erlösung. Die gibt es nur im Theater - meistens. Das richtige Leben ist da viel grausamer.

Ein flüchtiger Gute-Nacht-Kuss für die Kinder. Senta und ich rennen aus dem Haus, starten unser Schiff, schippern durch die Siedlung, in der nur zwanzig Knoten erlaubt sind. Endlich auf der Landstraße. Wir stellen die Segel in den Wind und brausen davon. Noch mehr Geisterschiffe sind unterwegs. Ein kleines rotes bremst unsere Fahrt. Fluchen hilft nicht, nur Segel reffen und langsam hinter dem Roten her kreuzen. Merk dir die Nummer, sagt mein Kopf, damit du ihm am jüngsten Tag die Meinung sagen kannst – spätestens. Der Zeiger rückt unerbittlich vor. Werden wir es rechtzeitig schaffen oder werden sich die Türen vor uns schließen? Senta, die treue, hält meine Hand. Aber Treue ist hier nicht gefragt, sondern Tempo. Mehr schlecht als recht umrunden wir den großen Kreisel, unser Kap der Guten Hoffnung. Mindestens fünfmal in der Woche habe ich das zweifelhafte Vergnügen: Nicht anecken, nicht auflaufen, das Schiff heil herausbringen – ohne Fluchen oder Vogel zeigen. Fünf Minuten später gehen wir an Land. Unser Hafen liegt unter schattigen Bäumen. Der Hafenmeister, ein namenloser Automat, stellt keine Fragen. Ein Knopfdruck und er lässt uns einfahren. Wir dürfen an Land, nicht alle sieben Jahre, sondern alle vier Wochen, wenn ABO-Zeit ist. Senta lässt mich nicht allein. Mit keuchendem Atem eilt sie im Laufschritt neben mir her. Ich drücke die Eingangstür auf. Wir sind die ersten – wie immer. Haben noch dreißig Minuten für einen Kaffee. Heute kaufen wir kein Programm, brauchen uns nicht einstimmen auf den Fliegenden Holländer. Davon hatten wir schon genug, das meiste leider ohne Musik. Aber die kommt ja noch. Gleich und vielleicht auch gut.

2009

Petra

»Herr, hilf uns, den Sinn deiner Wege zu verstehen.«

Ein Klecks von tiefgrünen Tannenzweigen in einem Meer von Schnee, an die fünfzig Menschen wie Lämmer auf einer Winterweide aneinandergedrängt, Schutz suchend, Schutz gebend, frierend im eisigen Wind.

»Diese junge Frau, Herr, hatte Wünsche, Pläne, Hoffnungen, hatte das Leben noch ...«

Der Wind verschluckte gierig den Rest, als sei er der Gehilfe eines anderen. Hier darf gerne vom Tod, aber nicht vom Leben gesprochen werden. Der Wind trug die Seufzer, das Stöhnen und Schluchzen der Lämmer über den Schnee und tanzte dazu seinen ausgelassenen Tanz. Weiße, karierte und knallig bunte nasse Taschentücher zitterten, flatterten oder versagten ihren Beifall.

»Herr, wir wollen für uns beten, die wir das Glück haben, weiterleben zu dürfen.«

Der Wind trug einen Schrei über den Schnee. Die Lämmer drängten sich noch enger um eine junge, vielleicht zwanzigjährige Frau mit verquollenen Augen, das zerknüllte Taschentuch unter die rot geweinte Nase gedrückt. Der wadenlange schwarze

Steppanorak verschluckte ihre Gestalt, lenkte den Blick auf die blonden Haare, mit denen der Wind spielte. Zwei Arme stützten die Frau.

»Glück, Herr, das wir uns nicht verdient haben, das uns deine Gnade geschenkt hat.«

Erneut schrie die Frau auf, um dann weiter leise in ihren bebenden Körper hineinzuschluchzen. Petra, seit dem Kindergarten ihre beste Freundin, war tot. Zehn Schuljahre hatten sie nebeneinander gesessen, keine Geheimnisse voreinander gehabt, den ersten Flirt, den ersten Kuss, die erste Nacht wie eineiige Zwillinge miteinander geteilt. Glück hatte immer nur sie gehabt, zwanzig kurze Jahre lang. Petra hatte nur einmal Glück, als sie einen Einkaufsgutschein gewann. Für zehn Euro Glück, das sie in diesem Augenblick mit Wucherzinsen zurückzahlte. Petras Vater wurde ihr Ersatzvater, als ihr eigener des Nachts verschwand und nicht mehr wiederkam. Petras Vater – liebe- und verständnisvoller als ihr eigener jemals gewesen war. Zuhörender, In-den-Arm-Nehmender, Herumtollender, für sie und mit ihr kämpfender Ersatzvater. Wie alles hatte Petra auch ihren Vater mit ihr geteilt.

»Lass uns, Herr, den Tod dieser jungen Frau als Chance sehen, unser Leben zu ändern und deinem Weg zu folgen.«

Ihre Tränen versiegten abrupt wie eine geplatzte Wasserleitung, bei der jemand endlich den Haupthahn zudrehte. Der bebende Körper kam langsam zur Ruhe wie ein Sportler, der ausgepumpt mit letzter Kraft über den Zielstrich gestolpert war.

Petra hatte nie eine Chance. Chancen hatte immer nur sie. In der Grundschule hatte sie den Vorlesewettbewerb gewonnen, Petra wurde zweite, obwohl sie doch so viel besser las. Bei »Jugend trainiert für Olympia« wurde sie genommen, obwohl Petra gleich hoch gesprungen war. Nur weil sie vier Monate jünger war. Sie hatte Lars bekommen, in den Petra verknallt war, hinter dem sie bis zur Selbstaufgabe her gerannt war. Sie, halb so hübsch wie Petra, hatte Lars bekommen, ohne etwas dafür zu tun, ohne dass Petra böse oder neidisch war.

»Von guten Mächten wunderbar geborgen, erwarten wir getrost, was kommen mag.«

Das Bonhoeffer-Lied, im Konzentrationslager geschrieben, das Petra und sie als pubertierende Konfirmanden so geliebt hatten, weil es Ausweg aus Ausweglosigkeit und Hoffnung aus Hoffnungslosigkeit malte, lies den Tränenstrom erneut sprudeln wie eine dünne Quelle nach dem Regenguss. Einen Tag vor ihrem Tod hatte sie Petra zuletzt gesehen. Zusammen waren sie am Feierabend durchs Werkstor gegangen, hatten sich lachend umarmt, bevor sie sich trennten. Petra ging zum Parkplatz, sie zur Bushaltestelle. Dein Husten darf aber nicht schlimmer werden, hatte Petra ihr hinterher gerufen. Am Abend hatte sie mit Petra telefoniert. Du brauchst mich morgen nicht abholen. Ich komme nicht mit in die Berufsschule. Mein Husten ...

»Lasset uns beten für den, der als nächstes aus unserer Mitte ...«

Für mich müsst ihr beten, schluchzte ihr Herz. Ohne mich würde sie noch leben. Petra war nie faul gewesen, immer nur sie. Der Husten kam ihr gerade recht. Sie hatte die Schulaufgaben für die Berufsschule nicht gemacht und am Abend ein schlechtes Gewissen bekommen. Mit Gewissensbissen quälte sie sich in den Schlaf, wachte, gepeinigt von Albträumen, frierend auf. Wegen der fehlenden Schulaufgaben würde sie die Schule nicht schwänzen und schon gar nicht ihren Husten vorschieben. Diese Entscheidung wärmte ihr Herz und ließ sie tief und fest einschlafen. Gegen sieben rief sie Petra an, erreichte sie aber nicht. Die Leitung war gestört. Im Radio sagten sie, der heftige Sturm und der Schnee seien schuld. Die Reparatur könne noch bis zum Nachmittag dauern.

»Herr, Dein Wille geschehe!«

Weinkrämpfe schüttelten sie. Die stützenden Arme hielten sie aufrecht. Sie hatte Petra abgesagt. Petra hätte sie sonst abgeholt – wie immer seit sie Führerschein und Auto hatte. Sie waren immer gemeinsam zur Berufsschule gefahren. Nur für sie fuhr Petra zweimal den Umweg von zwölf Kilometern. Sie hatte Petra abgesagt, ihre Schuld. Aber sie wollte doch wieder zusagen, wollte Petra bitten, sie wie immer abzuholen. Es war nicht ihre Schuld, dass das Telefon stumm blieb. Es war nicht ihre Schuld, dass Petra einen anderen Weg fuhr. Einen Weg, den sie noch nie gefahren war. Mit einer Kurve, die sie nicht kennen konnte. Mit einem Bus, der auf der falschen Seite entgegenkam.

»Petra hatte nie eine Chance, Glück hatte immer nur ich«, brüllte sie in den tosenden Wind. »Zufälliges Glück und zufällige Schuld!« Der Wind aber lachte nur.

2010

Freunde nach einem geteilten Land

Er hätte Dagmar auch kennen gelernt, wenn er nicht mit Detlef, seinem besten Freund, in jenem November durch den Deister gejoggt wäre. Sie hatten sich dort getroffen, weil sie beide in der Nähe zu tun hatten, aber es hätte auch an jedem anderen Ort sein können. Sein Freund, der Landtagsabgeordnete auf dem Sprung ins Ministeramt, und er, der Manager, versuchten, ihre Dienstreisen so zu legen, dass sie wenigstens einmal im Monat nebeneinanderher traben und politisieren konnten. Beide waren stolz auf ihre vielfältigen Kontakte und Informationen quer durch Europa. Jeder glaubte, das Gras wachsen zu hören, aber das behielten beide für sich. An jenem Abend im Deister hatten sie auf achtzehn schweißtreibenden Kilometern über die Folgen diskutiert, die sich aus der Besetzung der Prager Botschaft durch tausende DDR-Bürger und der anschließenden Ausreise in die Bundesrepublik ergeben könnten.

Sie waren sich einig: Es würde, wenn überhaupt, mindestens noch fünf Jahre dauern, bis die Grenze der DDR durchlässiger würde. Eine Wiedervereinigung werde es nie geben. Zu vieles spräche dagegen. Umso überraschter waren beide, als jeder für sich nach dem Lauf nach Hause fuhr und die Radiosender meldeten, die Mauer sei offen, Westberlin werde von Ostdeutschen überrannt und rieche nach Trabbi. Sie telefonierten noch am gleichen Abend miteinander und waren der gleichen Meinung: Das, was gerade passierte, hätten sie nicht vorhersehen können – nicht einmal, wenn sie Mitglied im Politbüro der SED gewesen wären.

Er hätte Dagmar auch kennen gelernt, wenn er das erste Sylvester nach der Grenzöffnung nicht mit Hunderttausenden an und auf der Mauer in Westberlin gefeiert hätte. Am Neujahrsmorgen nahm er am ersten Fünfkilometerlauf durch das Brandenburger Tor hindurch nach Ostberlin teil. Die Stimmung werde er nie vergessen, erzählte er hinterher. Aus steifen, bis zum 9. November mit abgeschalteten Lachmuskeln arbeitenden Grenzsoldaten seien Menschen mit Gefühlen geworden, die von den Läufern weder Pass oder Personalausweiß sehen wollten und gegen jede Vorschrift den Läufern ihren Dienststempel auf die Startnummer drückten. Es hätte Umarmungen und Küsse von wildfremden Menschen gegeben, tausende Ostberliner hätten jubelnd in Dreierreihen am Straßenrand gestanden. Für fünf Kilometer habe er fünfundfünfzig Minuten gebraucht, dreißig mehr als sonst. Überwältigende Eindrücke, die unter die Haut gingen.

Er meldete sich für den ersten Gesamtberliner Marathon im September an. Bis dahin hatte er in der Noch-DDR auch die Harzquerung von Wernigerode nach Nordhausen und den Rennsteiglauf von

Eisenach nach Schmiedefeld kennen gelernt, familiäre Läufe mit ostdeutschem Flair und in Westdeutschland unüblicher Gastlichkeit. Läufe, die ein unbedingtes Muss für ihn wurden – Jahr für Jahr. Die Stimmung beim ersten Gesamtberliner Marathon im September war deutlich gedämpfter als beim Neujahrslauf nur neun Monate zuvor. Viele Ostdeutsche sorgten sich um ihren Arbeitsplatz oder die Startgebühren waren ihnen zu hoch oder beides. In Ostberlin stand kaum jemand am Straßenrand. Die Steinmauer war gefallen, aber in den Köpfen der Menschen in Ost und West wuchs eine neue, andere Mauer.

Er hätte Dagmar auch kennen gelernt, wenn er nicht nach Potsdam gegangen wäre, um dort zu arbeiten. Er saß damals auf gepackten Koffern, sollte und wollte für seine Firma nach London gehen, als er gefragt wurde, ob er sich auch Potsdam vorstellen könne. Er, der nicht einen einzigen Verwandten in der DDR besaß, der auf unzähligen privaten und dienstlichen Reisen nach Westberlin an Potsdam vorbeigefahren war; der die Transit-Autobahn nicht verlassen durfte und sich so oft gefragt hatte, was sind das für Menschen, die dort wohnen ...

Er ging nach Potsdam und bezog ein Büro in einem Haus, das er bei seinen Fahrten nach Berlin von der Autobahn aus immer gesehen hatte. Für ihn begann die härteste Arbeitszeit seines Lebens. Seine neue Firma war technologisch auf westdeutschem

Niveau, hatte im Westen nur eine Handvoll gleichwertige Konkurrenten. Allerdings gab es in seiner Branche durch die Wiedervereinigung enorme Über-kapazitäten. Nach außen sollte es der Markt richten, aber hinter den Kulissen war klar, dass vor allem die ostdeutschen Firmen vom Markt verschwinden sollten. Der Druck aus Westdeutschland, seine Firma – ja, so dachte er inzwischen –, seine Firma dicht zu machen, war riesengroß. Er wehrte sich mit Hilfe seiner Kontakte und denen seines Freundes, der immer noch darauf wartete, endlich Landesminister zu werden.

Unter einer schmerzlichen Erfahrung litt er in Potsdam besonders: Er sprach deutsch und seine Mitarbeiter sprachen deutsch, aber hinter der vermeintlich gemeinsamen Sprache standen über vierzig Jahre unterschiedliche Erfahrungen. Dieselben Begriffe waren mit anderen Inhalten belegt, was zu verletzenden Missverständnissen und – ähnlich schlimm – zu teuren Arbeitsfehlern führte. Schlaflose Nächte bereitete ihm ein leitender ostdeutscher Mitarbeiter, der fachlich mit jedem im Westen ausgebildeten Kollegen mehr als nur mithalten konnte. Gegen diesen Mitarbeiter wurden Stasivorwürfe laut und der Aufsichtsrat beauftragte ihn, den Wessi, sich die Unterlagen bei der Gauck-Behörde in Berlin anzusehen. Danach solle er dem Aufsichtsrat berichten und einen Vorschlag machen: Entlassung oder Weiterarbeit, Gehen oder Bleiben.

Ihm war nicht wohl bei diesem Auftrag. Er sollte über einen Menschen richten, den er menschlich und fachlich mochte. Einen Menschen aus einer Welt, die ihm fremd war und deren Lebensbedingungen er nicht kannte. Richten mit Hilfe von Papier, das wahr oder unwahr, vollständig oder lückenhaft sein konnte. Richten mit der Frage im Hinterkopf, ob er selbst der Stasi hätte widerstehen können, wenn er in der DDR groß geworden wäre. Sechs Stunden prüfte er die schmale Akte, ging danach zwei Stunden spazieren und schlug dem Aufsichtsrat »Bleiben« vor.

Nach drei Jahren war die Firma saniert und wurde verkauft. Auch sein Erfolg. Er sollte, aber er wollte nicht bleiben. Er fühlte sich ausgelaugt und die Arbeit würde nach dem Verkauf nicht weniger werden. Er nahm sich eine mehrmonatige Auszeit und heuerte wieder im Westen an.

Er hätte Dagmar auch kennen gelernt, wenn er im Westen keine Mitarbeiter aus Ostdeutschland eingestellt hätte. Die Ostdeutschen hatten es ihm angetan. Sie waren nicht so satt, so schwerfällig wie viele in seiner westdeutschen Stammmannschaft. Die Ostdeutschen wollten sich beweisen, hungerten nach Herausforderungen. Sie waren oft flexibler und besser qualifiziert als ihre westdeutschen Kollegen. Sie hatten gelernt zu improvisieren, wenn es darauf ankam. Wurde es mal etwas später, drohten sie nicht gleich mit dem Betriebsrat. Die Karrieren seiner

Ossis, dachte er manchmal schmunzelnd, erinnerten an die von Ballack, Kirsten, Thom – nur dass darüber nicht geschrieben wurde.

Er hätte Dagmar nicht kennen gelernt, wenn er nicht den Untertagemarathon in Sondershausen gelaufen wäre. 780 m unter der Erde in einem stillgelegten Salzbergwerk. Bilder von Vergehen und Vergangenheit, von Verblühen und Tod. Ein irgendwie lebendiges Dali-Museum. In der dritten von vier bergigen 10-km-Untertagerunden durch das glitzernde Salz lief Dagmar zu ihm auf. Sie liefen zusammen ins Ziel, hatten über Gott und die Welt geredet, über wunderbare Bücher, lange Läufe und bleibende Lauferfahrungen, über großkotzige Wessis und jammernde Ossis.

Im Ziel küsste Dagmar Tim, ihren Mann. Aus einem wurden viele gemeinsame Läufe, bei denen unterwegs manchmal die Kraft aber niemals der Gesprächsstoff ausging. Läufe, bei denen Tim immer an der Strecke stand und Dagmar Tim im Ziel küsste. Er, der Freund aus den alten Bundesländern, begleitete Dagmar, die Freundin aus den neuen Bundesländern, auf ihrem ersten 100-km-Lauf durch die Nacht und Tim fuhr mit dem Rad nebenher. Dagmar schickt wunderbare Bücher, er fiebert mit ihr und Tim der Geburt ihres ersten, lang ersehnten Kindes entgegen ... Sie sprechen deutsch miteinander, reden immer wieder über die unterschiedlichen Bedingungen und Erfahrungen, unter denen sie aufwuchsen, die sie formten, die sie so werden ließen, wie sie sind: Freunde nach einem geteilten Land.

2010

Lebenslauf

Es ist kurz vor zweiundzwanzig Uhr. Alles tut ihm weh. Er steht an der Startlinie, um in die Nacht zu laufen. Er glaubt, er wird es nicht einmal durch die Stadt schaffen. Er befühlt seine Oberschenkel, die Waden, will den Schmerz ertasten. Pure Einbildung kommt als Signal zurück. Bei Läufen dieser Länge ist dieses Schmerzgefühl vor dem Start ganz normal. Erinnere dich!

Er denkt an die Schmerzen von damals. Wann sie anfingen, wann er sie nicht mehr spürte, wann sie dem Glücksgefühl wichen, der Euphorie, dem Gefühl zu fliegen. Damals vor fünfunddreißig Jahren. Er vergleicht die Schmerzen von damals mit denen von heute. Lautlos tritt die Nachtschwester an sein Bett. Er kommt nicht mehr dazu, sich einzugestehen, dass den heutigen Schmerzen kein Glücksgefühl, keine Euphorie, kein was auch immer folgen wird.

Die Schwester greift geschickt, in blinder Routine, von oben in sein Nachthemd, zieht das Morphiumpflaster von seiner Brust ab und ersetzt es durch ein neues. Unerträgliche Schmerzen hat er nie spüren müssen. Nur selten fliegen ihn Schmerzspitzen an wie böse Träume. Dreißig Tropfen Novalgin lassen sie fast so schnell verschwinden wie ein Wetterleuchten.

Als der Startschuss um zweiundzwanzig Uhr den Weg in die heiße, aufgeladene Sommernacht frei gibt, steht er am Ende des Läuferfeldes. Er hasst die durch die Stadt mäandernde Strecke, scheinbar endlos vorbei an klatschenden, jubelnden Menschen, die oft nur eine schmale Gasse bilden. Spießrutenlaufen ohne Spieße. Wir fangen doch erst an, will er ihnen zurufen. Beifall haben wir noch nicht verdient. Er klatscht die Kinder ab, die ihm die Hände entgegen strecken. Unwillig, aber er will sie nicht enttäuschen. Warum sonst sind sie aufgeblieben? Seine Poren werden zu Wasserspeiern. Er sehnt sich nach der Kühle der Nacht draußen vor der Stadt. Nur nicht zu schnell angehen, es ist noch weit. Die Pulsuhr im Auge behalten. Wer zu schnell angeht, hat das Rennen gegen sich selbst, das für alle erst morgen zu Ende geht, schon hier verloren. Das Läuferfeld zieht sich allmählich auseinander. Wie ein Lindwurm schlängelt es sich unter dem milchigen Licht der Laternen den ersten Hügel hinauf.

Kilometer 10. Verpflegung: Wasser, Müsliriegel, Apfelsinenscheiben. Er greift nach einem der Becher, trinkt zwei Schlucke, schüttet sich den Rest in den Nacken.

Die Schwester schiebt ihm vorsichtig die Schnabeltasse in die verklebte, strohtrockene Mundhöhle, wartet auf sein Schlucken, hebt die Tasse an. Seine Zunge drückt die Tasse zurück.

Warum schüttet sie den Rest nicht auf seinen glühenden, schweißnassen Nacken? Die Schwester dreht das Nachtlicht an, lässt ihn in dröhnender Stille zurück.

Licht und Lärm der Stadt liegen hinter ihm. Der Mond malt flackernde Menschenleiber auf die Straße, tausende Füße trommeln ihr Lied in die Nacht. Ohne Vorwarnung hört der Asphalt auf, mondheller Schotter ächzt unter Gummisohlen, die hungrig Kilometer um Kilometer fressen. Sein Atem und Puls spielen einen beschwingten gleichmäßigen Takt. Er hat seinen Rhythmus gefunden. Kilometer 20. Die nächste Stadt. Zigtausende stehen dort. Er läuft über die alte Holzbrücke, hinein ins gleißende Licht auf den Marktplatz. Den Rücken strecken, ins Blitzlichtgewitter lächeln, die Anfeuerungsrufe einsaugen, die auch ihm gelten. Markt und Stadt, Licht und Lärm klingen ab, kaum dass sie begonnen haben. Vor den letzten Laternen warten die Fahrradbegleiter. Ab hier dürfen sie ihre Läufer eskortieren, weil sich das Feld so weit auseinander gezogen hat, dass die lichtlosen Räder niemanden mehr stören. Dort wartet seine Tochter auf ihn. Sie wird ihn durch die Nacht betreuen. In der Ferne sieht er ihre rudernden Arme, ihre wehenden Locken, spürt von weitem ihre Freude, dass er kommt. Sie fährt an und lässt sich einholen, fragt wie die ersten zwanzig Kilometer waren und ob er nicht zu schnell unterwegs sei. Seit ihrem sechsten Lebensjahr hat sie ihn mit dem Rad auf vielen Trainingsläufen begleitet, dabei ihre großen und kleinen Sorgen und Freuden mit ihm geteilt. Bei seinen Marathonläufen stand sie an der Strecke. In dieser Nacht begleitet sie ihn und sein bester Freund die Tochter. Für eine Zwölfjährige ist eine solche Nacht allein mit dem Vater zu gefährlich. Zuviel Unplanbares kann passieren. Sein Freund musste mit, aber nur die Tochter darf den Vater betreuen. Versprochen!

Er drückt den Kopf ins Kissen, springt zurück in den anderen Film. Seit Jahren hat er keinen Kontakt mehr zu seiner Tochter. Sie, die sich nie mit ihm gestritten hatte, flüchtete aus der erdrückenden Vaternähe in eine vaterlose Freiheit. Das ist seine Erklärung, die er selbst nie verstanden und nie geglaubt hat. Eine Erklärung, die ihm hilft, jedem neuen Tag mit Hoffnung ins Gesicht zu sehen. Was sie wohl macht? Wie sie aussieht? Ob sie sich verändert hat? Ob sie immer noch so hübsch ist?

Die Klingel der Infusionsanlage signalisiert der Nachtschwester, dass der Beutel gewechselt werden muss. Er glaubt, den Wecker von damals zu hören. Alle zwanzig Minuten schnarrt er in die Nacht, damit er regelmäßig aus der Auswahl im Fahrradkorb seiner Tochter trinkt: Wasser, Cola, Schlein, Apfelschorle, Kohlenhydrate. Tochter und Korb machen ihn unabhängig von den Verpflegungsstationen. Er kann laufen und trinken, alle zwanzig Minuten oder früher oder später. Die Stimme der Tochter brennt in sein Gedächtnis ein, was sie beide sehen, riechen, hören: Den gütig lächelnden Mond, der die Wiesen in mattes Grün taucht, die spärlichen Lichter von einsamen Höfen, die endlosen roten Lichterketten von Begleitfahrzeugen, die abseits der Laufstrecke den nächsten Verpflegungspunkt anfahren. Den süßen Duft frisch gemähten Grases, der sich beim Überholen mit Ausdünstungen von Läufern mischt, die sich vor dem Start mit Öl eingerieben haben. Das Gemüt streichelnde Kuhglocken, unsichtbare stöhnende Läufer, klappernde Fahrradketten, schlurfende Schritte. Er ist flott unterwegs. Immer noch unter einer Stunde für 10 Kilometer und bald kommt schon Kilometer 30. Aber es ist noch weit und jederzeit kann ein Einbruch kommen.

Heute kann er nicht mal mehr stehen. Nur noch liegen und warten, dass es vorbei geht. Es ist nicht mehr weit. Anders als damals.

Von weitem ist das Tuckern des Stromaggregats zu hören, das eine Straßenkreuzung in taghelles Licht taucht. Kurz dahinter bleibt er stehen. Zum ersten Mal seit dem Start. Er zieht sich eine lange Hose an. Es ist kühl geworden. Die Geisterstunde ist fast vorbei. Lächelnd trabt er ohne Halt durch den großen Verpflegungspunkt bei Kilometer 38. Hier stehen die Busse für die Aussteiger. Die Warteschlange ist lang. Ich bin nicht dabei, freut er sich. Mitleid gestattet er sich nicht. Ob seine Tochter schon müde sei? Nein, noch nicht, aber es sei ja noch weit.

Er spürt die Hand der Nachtschwester an seinem Puls, stellt sich schlafend. Will bei den Leuten in den roten reflektierenden Warnwesten bleiben, die ihm bei Kilometer 45 im Vorbeilaufen einen Kontrollstempel auf die Startnummer drücken. Es wird viel gemogelt, auch unter Läufern und nicht nur beim Laufen. Im trüben Nachlicht seines Zimmers zieht Kilometer für Kilometer sein Leben vorbei, spült seine großen und kleinen Lügen nach oben. Was habe ich falsch gemacht? War Unverzeihliches dabei? Kreisende Fragen, gierig wie Fleisch fressende Pflanzen, verschlucken jede Antwort.

Bei Kilometer 59 müssen sich Läufer und Fahrradbegleiter trennen. Der Deich, der jetzt folgt, ist nichts für Radler. Schlaglöcher und Schotter, Pfützen und Wurzeln. Ein Trampelpfad durch Wald und Büsche. Im Finstern gurgelt der unsichtbare Fluss an seiner Seite. Manchmal macht er die Taschenlampe an, die ihm seine Tochter zugesteckt hat. Dort oben ist irgendwo der Mond, aber er hat ihn verlassen. Wie die Tochter, die mit seinem Freund dem Treffpunkt bei Kilometer 68 entgegenradelt. Keinen Gedanken verschwendet er an das Wiedersehen. Er konzentriert sich auf jeden einzelnen Schritt. Nur nicht umknicken.

Ob er seiner Tochter noch einmal begegnen wird? Sie hatte ihm vor Jahren eine Mail geschrieben. Ein Leben lang habe sie Angst vor ihm gehabt. Macht habe er über sie ausgeübt. Das sei vorbei. Er solle sie in Ruhe lassen. Ob es denn nichts Positives an ihrem Vater gäbe, schrieb er zurück? Seine letzte Mail blieb ohne Antwort.

Behutsam tragen zirpende Lerchen die Dämmerung wie eine graue Decke in sein Zimmer, verscheuchen die flüsternden Schwaden der Nacht. Wie damals auf dem dunklen Deich. Waren jemals zuvor seine Sinne so offen gewesen für den Gesang der Vögel? Hatte er sich jemals zuvor so sehr nach dem Licht gesehnt? Immer wieder hatten seine Augen in der Nacht den Osten gesucht und auf den ersten Schimmer der Dämmerung gewartet.

Sie kam und mit ihr die Tochter und sein Freund. Beim Treffpunkt hält er nicht an. Lachend und mit erhobener Faust läuft er an Tochter und Freund vorbei. Er sähe noch gut aus, sagen beide, als sie ihn einholen. Sie hätten beim Warten gefroren und die Augen seien ihnen zugefallen. Mit dem Licht käme neues Leben.

Für ihn, der im Bett liegt, nicht mehr. Für ihn bringt das Licht nur noch den Tag und vielleicht noch einen und noch einen.

Ihm schaudert, als er bei Kilometer 75 die lange Steigung sieht. Er hält an, um die kurze Hose anzuziehen, dann läuft er bergauf. Nimmt sich die nächste Kurve als Ziel. Erst dort will er entscheiden, ob er gehen oder laufen wird. Dann die Hütte auf der Mitte der scheinbar endlosen Geraden, dann das Ortschild. Ohne zu gehen, erreicht er den Scheitelpunkt. Damals weiß er noch nicht, dass er die Strecke nie schneller laufen wird. Es ist gut, dass wir nicht wissen, was die Zukunft für uns bereithält.

Für ihn bringt sie Jahre ohne seine Tochter. Was würde er machen, wenn sie jetzt in sein Zimmer träte? Sich zur Wand drehen oder nur »Verschwinde!« sagen? Sie in den Arm nehmen und heulen? Beides hat er unzählige Male durchlebt. In wirren Fantasien, die stumme Tränen speisen und keine Wahrheit bringen. Wenn die Tochter nur käme!

Auf hartem Asphalt geht es bergab. Fast bis Kilometer 90. Die Oberschenkelmuskeln, die die Bremserarbeit verrichten müssen, stechen bei jedem Schritt. Nur nicht stehen bleiben, nur nicht gehen. Er bittet seine Tochter, etwas zu erzählen, um ihn abzulenken. Das Schleifgeräusch der Fahrradbremsen ist die Musik zu heiseren Worten, deren Sinn ihn nicht erreicht. Aber ihre Stimme tut gut. Aus Kilometer 91 wird Kilometer 10. Ab hier wird rückwärts gezählt bis zum Ziel. Als er die 10 sieht, wird aus Ahnung Gewissheit. Er wird es schaffen.

Nach der Diagnose vor drei Jahren machten sie ihm Hoffnung, Gewissheit konnten sie ihm nicht geben. Wie bei seinen Läufen solle er kämpfen, sagten sie. Er kämpft und ahnt bald, dass er verlieren wird. Jede Chemo bringt ihn einem endgültigen, abschließenden Ziel entgegen.

Anders als damals die rot-weißen Schilder mit zehn, acht, sechs, vier, zwei, eins. Aus jedem Kilometer werden gefühlte fünf, jeder kleine Anstieg, nicht höher als eine Mülltonne oder drei Treppenstufen, wird zum Berg. Noch 200 Meter. Er sieht das Ziel. Wummernde Lautsprecher und dicht gedrängte, johlende, klatschende Zuschauer peitschen seinen ausgelaugten Körper nach vorn. Noch 80 Meter. Er versteht seinen Namen, hört seine Zeit: 100 Kilometer unter 10 Stunden. Weinend fällt er in die Arme seiner Tochter.

Gemeinsames Abenteuer und gemeinsames Glück. Damals.

Heute geben ihm die Ärzte noch 10 Tage. Höchstens! Und wahrscheinlich allein. Aber das wissen die Ärzte nicht.

2011

Buchstabiere Gerechtigkeit

Peters Erinnerungen wachsen nach wie Fingernägel. Seit Jahrzehnten säbelt er sie ab, manchmal täglich, oft nur alle drei Wochen. Aber sie sprießen weiter, saugen sich fest wie Blutegel, lassen sich nicht kurz halten. Sie mischen sich mit neuen Erfahrungen, gebären brennende Fragen und durchwachte Nächte. Wenn ihn die Vergangenheit im Tages- oder Wochenrhythmus überfällt, spürt er nicht die Hand des Vaters, die auf seine Wangen klatscht, nicht die Faust, die seine Brust bearbeitet wie der Hammer eines mittelmäßigen Schmieds das Eisen. Er spürt nicht seine Tränen, die warm und regenglatt die Wangen hinunterfließen und auf das abgetretene braune Linoleum tropfen. Ihn durchfährt nur kalte Wut, die mächtiger als eine Springflutbrandungswelle von innen her gegen seine Rippen donnert. Wut, die nicht dem Peiniger gilt, der nicht aufhört, sein eigenes Fleisch und Blut breit zu klopfen, sondern dem Bruder, der schon bei der Geburt den Familien-Thron bestiegen hatte, dem heimlichen und unheimlichen Herrscher, der wie immer lange gewartet hatte, bis er der Mutter Peters Streich verriet und der sanft lächelnd danebensteht und dem hämmernden Vater nicht in den Arm fällt.

Es ist Januar und er ist zwölf, als er den Esel sagen hört: »Komm mit, etwas Besseres als den Tod können wir überall finden«. Er will nicht mehr Eisen sein. Ihm scheint der Tod das Bessere und er legt sich vierhundert Schritte von zu Hause entfernt in den kleinen Wald, um auf ihn zu warten. Aber liegen und warten ist nicht genug. Der Nachbar und sein Hund kommen schneller als der Tod. Der Hund jault vor Freude und bestreicht sein Gesicht kreuz und quer mit seiner nassen, klebrigen Zunge. Wenigstens einer, der sich freut, dass es ihn gibt. Selbst dem Esel hatten die Grimms drei Freunde mitgegeben. Der Nachbar bringt ihn nach Hause, übergibt ihn dem Bruder und erzählt, wo und wie er ihn gefunden hat.

Drei Wochen später behämmert der Vater seinen mageren Körper mit Schlägen, die sein Gesicht nasser machen, als es der Hund je gekonnt hätte. Einundzwanzig Tage hatte sein Bruder der Mutter nichts erzählt, hatte gewartet, bis die Stimmung in der Familie angespannt genug war und er sich sicher sein konnte, dass die Mutter sich aufregen und der Vater ihn klein machen würde. Wie oft hat er vergeblich gehofft, gedacht, geträumt, diesmal würde sein Bruder nicht petzen, würde sich von seinen Schreien, seinen Tränen, den grünblauen Flecken, dem lahmenden Gang, seinem wochenlangen Stöhnen beim Setzen und Aufstehen erweichen lassen, würde barmherzig und endlich Bruder werden. Wenn er doch einen eigenen Hund hätte!

Anfang Mai hilft ihm der Bruder mit einer Verlängerungsschnur und er stutzt die duftenden sonnengelben Rosen in den Blumenkästen der

Nachbarin mit Vaters elektrischem Rasierer zu kahlen, grünbraunen Stängeln. Die Nachbarin war entsetzt, aber sie schimpft ihn nicht aus. Sie mochte ihn, nicht seinen Bruder. Vielleicht ahnte sie auch, er würde sonst wieder gnadenlos Haue kriegen. Ermahnt hatte sie ihn und ihm eine Tafel Schokolade geschenkt, ohne zu sagen, er solle mit seinem Bruder teilen. Der hatte mit seinem verkniffenen Gesicht, mit seinem heiligen Blick daneben gestanden und nach zwei langen Wochen geredet, obwohl sie die Schokolade geteilt hatten.

Mit vierzig liest er, dass sich 1941 ein endloser Menschenzug mit Stern an der Brust, gelb wie die Rosen der Nachbarin, aus dem Sammellager in der Schillerstraße über die Erzbergstraße zum Hauptbahnhof schleppte. Für die Meisten ein Aufbruch zu einer Reise ohne Wiederkehr. Die Erinnerung quält ihn mehr als die Gallenkoliken, die ihn mit fünfunddreißig über Monate vor Schmerzen brüllen ließen. Er hatte – einfach so – aus strahlenden Rosen nutzloses, unansehnliches Unkraut gemacht. Jahre zuvor schnitzten Rasierer aus menschlichen Gesichtern – einfach so – gleichförmige Glatzen, formten in weniger als dreißig Sekunden aus Menschen Untermenschen, die in der Volksgemeinschaft nichts zu suchen hatten. Er ekelt sich vor sich selbst, empfindet die väterliche Abreibung im Nachhinein als gerecht.

Anfang Dezember fällt der erste Schnee und er bekommt – er weiß nicht mehr, wofür – seine erste Wintertracht. Er würde nicht Schlitten fahren können, nicht im Sitzen, nicht im Liegen. Er hasst seinen Bruder, weil der zum richtigen Zeitpunkt petzte und ihm durch den mehr als großzügigen väterlichen Segen das Schlittenfahren unmöglich machte. Sein Bruder, der beim ‚Mensch-ärgere-Dich-nicht' immer nur zuschaute, konnte den alten Bahndamm hinunter nicht gegen ihn gewinnen, obwohl er sechs Jahre älter war. Sein Bruder ließ prügeln, um nicht verlieren zu müssen.

Sein Bruder, der in der Kirche immer in der ersten Bank saß, dessen Stimme beim Singen herauszuhören war, dem alle eine große Zukunft voraussagten, die vielleicht hinter dem Altar enden würde, möglicherweise sogar in purpur oder violett. Sein Bruder, der die Nähe der Mächtigen suchte und deren Worte nachplapperte.

Jahrzehnte später stellt er sich seinen Bruder im Hofstaat von Jerome vor, wie er vor ihm dienert und buckelt. Hatte Jerome, den die Nachwelt nur König Lustig nannte, nicht gesagt »Indem ich den Thron besteige, verpflichte ich mich, euch glücklich zu machen?« Hatte sein Bruder, der niemals lustige Herrscher in der Familie, mit dem die Mutter am Vater vorbei alles besprach, sich wem auch immer gegenüber verpflichtet, ihn körperlich und seelisch zu vernichten?

Mit dreizehn Jahren findet er Trost bei Winnetou und Old Shatterhand, träumt sich in eine Welt, in der am Ende immer, immer, immer die Gerechtigkeit siegt. In denen Halunken wie Santer und Rattler am Ende einen qualvollen Tod sterben. Santer und Rattler hatten in seiner Jugendzeit immer das Gesicht seines Bruders. Zwanzig Jahre später wird daraus die Visage von Roland Freisler, der die Angeklagten tobend und brüllend zu Strafen verurteilt, bei denen ein schneller Tod noch als Gnade erscheint. Sein Bruder, der lächelnde, nie brüllende, in der Kirche mit seiner lauten Stimme immer heraus zu hörende, bekam die Fratze von Roland Freisler. Er weiß nicht, warum. Vielleicht war es nur die Stimme, vielleicht auch, dass beide Verderben für andere wollten und nie auch nur den Versuch machten, Gerechtigkeit zu buchstabieren.

Ein Jahr vor dem Abitur erhält er vom Vater auf Geheiß des Bruders die letzte Tracht, weil er mit einer Schwarzen herumgemacht hatte. Er wehrt sich zum ersten Mal, beißt, kratzt, tritt, spuckt, schimpft den Vater einen betrunkenen Schläger. Der bearbeitet ihn schlimmer als jemals zuvor. Zwei Platzwunden müssen genäht werden. »Fahrradsturz«, erzählt die Mutter dem Arzt. Peter schweigt. Nach dem Abitur verlässt er das Elternhaus. Er wird es erst bei der Beerdigung seines Vaters wiedersehen.

Die Prügel habe ihm nicht geschadet, werden die Leute später erzählen. Auch mit einem prallen

Rucksack nie verstummender Erinnerungen kann man Karriere machen. Vielleicht ist es mit dieser Art Humus sogar leichter, die Nackenschläge auszuhalten, die das Leben sonst noch bereithält. Wer schon als Kind gelernt hat, immer wieder aufzustehen, lässt sich vom Leben nicht platt machen. Aber Karriere buchstabiert sich anders als Gerechtigkeit. Je stärker sein Konto wächst, desto brennender werden die Erinnerungen.

Er steht unter den Zuschauern, als Willy Brandt, den sein Vater immer als Vaterlandsverräter beschimpfte, Willi Stoph empfängt. Die Begegnung scheitert. Brandt wird wie schon früher von einer bestimmten Presse öffentlich gedemütigt und macht doch weiter. Steckt eine andere Art von Schlägen ein, um Jahre später Nobelpreis und Mauerfall als verspätete Gerechtigkeit zu buchstabieren. Ihm, des Schlägers Sohn, bringt das keinen Trost, lässt seinen Ruf nach Gerechtigkeit nicht leiser werden.

Er ist fast fünfzig, als er sich stark genug fühlt, Vater, Bruder und Mutter endlich ins Gesicht zu schreien: Buchstabiert mir Gerechtigkeit! Er hat die Flugkarten in der Tasche, als ein Schlaganfall den Schläger fällt. Seit Bruder kommt noch vor der Beerdigung dem drohenden Gefängnis mit einem Autounfall zuvor. Verpfiffen von einem Kollegen, weil er öffentliche Gelder jahrelang auf sein Konto umgeleitet hatte. Alle außer ihm schwören bei der Beerdigung, sein Bruder hätte keiner Fliege etwas zuleide tun und ‚Lüge' nicht einmal schreiben können. Zwei Beerdigungen, auf denen auch sein Schrei nach Gerechtigkeit zu Grabe getragen wird.

Die Demenz holt die Mutter drei Jahre später. Zuletzt erkannte sie ihn nur noch in lichten Momenten. Hatte sie früher mehr von ihm gekannt als die vom Vater glatt polierte Oberfläche? Er legt das Lexikon aus der Hand. Unter »Bergpark« hatte er nachgelesen, wie viele Menschen daran gebaut hatten. Aber er findet nur die Oberfläche – Namen von Landgrafen und Kurfürsten, die bauen ließen. Niemand spricht von denen, die die Steine schleppten, denen die Steuern abgepresst wurden, die höchstens als Gärtner den Park betreten durften. Haben die Landgrafen ihre Untertanen prügeln lassen und trotzdem geliebt? Hat sein Bruder ihn geliebt, trotz der Prügel, die er ihm verpassen ließ? Das Lexikon buchstabiert Geschichte nicht Gerechtigkeit, schweigt zu Prügel und Liebe.

Dreimal hat er die Mutter auf die hämmernden Fäuste des Vaters angesprochen. Dreimal antwortete sie, er habe unglaubliche Streiche gemacht und dafür eins hinter die Ohren bekommen. Maßlos geprügelt habe ihn der Vater nie. Er sei von ihr und seinem Vater nicht weniger geliebt worden als sein Bruder. Täter haben Erinnerungslücken oder sagen, wir mussten es tun, weil es notwendig war oder befohlen wurde, aber es war alles weniger schlimm, als behauptet wird. Erst wollte Mutter sich nicht erinnern und dann machte es ihr die Krankheit unmöglich.

Die Täter werden den Verwandten, den Nachbarn, der Straße nicht mehr sagen können, dass er nicht so ein schlimmer Junge war, wie sie nach seinem oft blau-grün geschwollenen Gesicht annehmen mussten. Er wird in diesem Leben auch bei den Zuschauern immer der Böse bleiben, weil es oft die Bösen sind, die Karriere machen.

Er giert nach öffentlicher Gerechtigkeit wie andere nach Schnaps oder Zigaretten. Er ist neidisch auf Menschen, denen öffentlich Gerechtigkeit widerfuhr, manchmal – Gott sei Dank – wenigstens posthum. Sarah Nussbaum kommt ihm in den Sinn, die aufopfernd die Soldaten des Regimes pflegte und doch 1943 nach Theresienstadt deportiert wurde. Sie kehrte zurück und verlangte Wiedergutmachung. Doch der Rechtsstaat versagte ihr die finanzielle Gerechtigkeit.

Hätten Vater, Bruder, Mutter mit Geld etwas wiedergutmachen können? Sarah wurde erst wenige Monate vor ihrem Tod die erste weibliche Ehrenbürgerin ihrer Stadt. Half das Sarah oder nur denen, die ihr vorher Gerechtigkeit versagten?

Josef Beuys fällt ihm ein. Siebentausend Eichen und Stelen hatte er verlacht, verhöhnt, verspottet und unverstanden pflanzen lassen. »Stadtverwaldung statt Stadtverwaltung« nannte er sein Kunstwerk, das die Stadt erst Jahre später und eher notgedrungen annehmen konnte, weil sie der Gerechtigkeit nicht mehr widerstehen konnte, die Beuys andernorts längst zuteil geworden war.

Darf er die Fäuste, die in der miefigen Küche über ihn kamen, überhaupt mit den öffentlichen Schlägen vergleichen, die die Brandts, Nussbaums und Beuys ertragen mussten? Steht »Herz schlagen statt Herz erschlagen« nicht auf der gleichen Stufe wie »Stadtverwaldung statt Stadtverwaltung«? Wenn die Schläge nicht vergleichbar sind – der Schmerz, die Sehnsucht nach Gerechtigkeit und das, was sie bei den Geschlagenen angerichtet haben, müssen vergleichbar sein. Wenn Schmerz und Sehnsucht vergleichbar sind, muss es auch der Schrei nach Gerechtigkeit sein.

Seit er denken kann, hat sein lautloser, ungehörter und unerhörter Schrei nach Gerechtigkeit ihm unzählige Martern bereitet. Er will nicht mehr warten, bis er seine Fragen stellen kann.

Er muss zu seinen Peinigern, dem mit der Faust, zu der, die dabeistand, und vor allem zu dem mit dem engelgleichen Lächeln und der wochenlangen Geduld. Noch einmal wird er in den Wald gehen. Er ist nicht mehr zwölf und weiß, was er tun muss, bevor ihn ein Hund findet.

2012

Ulli

Es war Februar, als ich den Friedhof in K. durch den Haupteingang am Tannenheckerweg betrat. Ich besuche nur noch selten das Grab meiner Eltern. Fünfhundert Kilometer hin und zurück fallen mir nicht mehr so leicht wie früher. Der Wind blies noch kräftiger als am Morgen, pustete die Blätter vor sich her, warf sie gegen die Grabsteine oder trieb sie in den Himmel. Blättervögel.

Neben dem Grab meiner Eltern, das am Ende des elend langen Hauptwegs liegt und schon von weitem zu sehen ist, stand ein Mann in einem dicken schwarzen Trenchcoat, eine dunkle Wollmütze tief in die Stirn gezogen. Er zog ein helles Etwas aus der Manteltasche, bückte sich, legte dass Etwas auf die Erde und schob, so schien mir aus der Ferne, einen

Stein darauf. Der Mann verharrte einen Augenblick, als ob er bete, schlug ein Kreuz mit der rechten Hand und schlurfte in Richtung Nebeneingang davon.

Das Grab neben meinen Eltern war neu. Die Erde lag wie ein riesiger Maulwurfhügel über dem Sarg, der Wind zerrte an den unleserlichen, dreckigbraunen Schleifen von drei Kränzen. Die kümmerlichen Reste welker Blumen zitterten vor sich hin, als könnten sie so den klirrenden Frost besser ertragen. Ich weiß nicht warum, aber ich musste mich bücken und den einzigen Stein, fußbreit und schneeweiß, hochheben. Darunter lag ein beiges fleckenloses Kuvert. Ich hob es, ohne nachzudenken, auf. Warm lag es in meinen frostklammen Händen und ich zog vier eng mit blauer Tinte beschriebene Seiten heraus. So eine klare, deutliche Schrift hätte ich gerne. Ingenieure schreiben so oder Buchhalter, Menschen, deren Schrift für andere lesbar sein muss. Ich begann zu lesen, ohne auch nur einmal daran zu denken, vielleicht etwas Verbotenes zu tun:

Liebste Ulli,

kalt war es in der letzten Woche und stürmisch. Mich fror auf den verschlungenen Pfaden, die ich lief, und bin sicher, Du wirst nicht erraten, was ich gemacht habe. Ich sehe, dass Du die Augen zusammenkneifst und sich auf Deiner Stirn diese kleine Falte bildet, sehe, dass Du Dich anschickst zu reden, weiß, dass Deine Rede schimpfen sein wird und schreibe so schnell ich kann, bevor auch nur ein Wort Deinen Mund verlässt, was Dir immer in all meinen Briefen – und ich habe Dir viele geschrieben – das Wichtigste gewesen ist: Ich liebe Dich.

Ich liebe Dich immer noch und werde Dich, falls mich keine böse Fee berührt, auch morgen und übermorgen noch lieben. »Ich liebe Dich« – mit diesen Worten möchte ich sterben.

Andere mögen diesen Satz kitschig finden, weil sie weder Dich noch die Liebe kennen gelernt haben, aber ich schreibe nicht für andere, ich schreibe für Dich, für die dieser Satz immer am Anfang eines Briefes stehen musste, weil er das Wichtigste für Dich war – in guten und in schlechten Zeiten. Er war und ist auch für mich der wichtigste Satz, auch wenn ich Dich manchmal necken wollte und mich wie in diesem Fall getraut habe, diese drei Worte erst in die dreißigste Zeile zu schreiben.

Ich sehe die beiden Tränen in Deinem linken Auge, von denen Du mir so oft erzählt hast. Fast immer, wenn ich Dir unseren Liebessatz geschrieben habe, seien diese beiden Tränen geflossen und hätten für jeden sichtbar eine Stunde oder auch den halben Tag in Deinem Auge gesessen. Du hättest sie nicht wegwischen können. Manchmal seist Du mit diesen Tränen zur Arbeit oder zum Einkaufen gegangen, aber nie habe auch nur einer gefragt, ob Du vielleicht Kummer hättest. Einmal habe Dein Chef, Dr. Klein, der nach Dir durch das Fabriktor kam, gerufen, bevor er in Deinem Auge die beiden Tränen sehen konnte: Ulrike, heute sieht es so aus, als würden sie schweben.
Dr. Klein ist schon viele Jahre tot, aber diese kleine Geschichte habe ich nicht vergessen. Ich, der Vergessliche, der weder Namen noch Telefonnummern behalten kann, der Führerschein und Portemonnaie mal hier oder dort liegen lässt, ich habe, was Dich angeht, alles behalten, bewahrt, beschützt. Wie fast an jedem Tag und nicht weil heute Valentin ist, musste ich beim Aufwachen daran denken, wie wir uns kennen lernten. Das Theatercafé war voller Menschen im Sonntagsstaat. Damals ging man noch gut gekleidet ins Theater. Ein einziger Stuhl in der hintersten Ecke war frei, von der Eingangstür her unmöglich zu sehen, aber die Kellnerin half mir. Half mir, Dich zu finden, wurde, ohne zu wollen,

zur Kupplerin. Du wolltest wie ich ins Theater, wartetest an diesem zweistuhligen Tisch auf Deine Freundin, die Deine Karte hatte. Ich durfte mich zu Dir setzen, um auf meinen Freund zu warten, der meine Karte hatte. Wir hatten zwanzig Minuten, bis Deine Freundin erschien, Minuten, die mir damals wie heute wie ein Windhauch vorkommen. Ich konnte anders als Du die anderen Gäste nicht sehen, aber als Dein Blick sich verdunkelte und Dein Atem schneller ging, habe ich meine Telefonnummer auf die Serviette gekritzelt. Zwei Monate später haben wir uns zum ersten Mal gefragt, wie denn das Stück hieß, in dem wir beide an jenem Abend gesessen hatten, um vier Reihen – um Welten - voneinander und doch nur einen Herzschlag entfernt. Wir wussten es beide nicht mehr, weil wir schon damals nur noch uns gesehen und gespürt haben. Wir nahmen uns vor nachzuforschen, haben es aber nie gemacht, als wäre es ein schlechtes Omen für unsere Liebe, vielleicht sogar der Anfang vom Ende gewesen. Du legst beim Lesen ganz leicht Deine rechte Hand auf meinen Arm... Ich kenne das Zeichen. Meine Ulrike wird ungeduldig. Ich soll endlich erzählen, was ich in der letzten Woche gemacht habe, aber ich werde Dich auf die Folter spannen und zuerst Dinge erzählen, die Dich nicht so sehr interessieren: Delius ist gerade heute siebzig geworden, der Mann, der das traumhafte Buch

»Bildnis der Mutter als junge Frau« geschrieben hat, ein Buch, dessen geschätzte neunzig Seiten aus einem einzigen Satz bestehen, der seiner Mutter und der Stadt Rom ein Denkmal setzt. Der Titel ist sperrig, aber der Inhalt ist wie Du: Beschwingt, froh machend, verwebend, schwebend. Mir fallen keine verrückteren Worte ein. Ich werde Dir das Buch vorlesen, sobald wir uns wieder sehen. Ich habe es schon in die große Tasche gepackt, damit ich es nur nicht vergesse.
Das Buch ist toll, die Kritik, die ich selbst gestern erfahren, ertragen, ja erleiden musste, war es nicht. Du weißt, dass ich Kritik gut ab kann, dass ich ihr, ohne mich zu wehren, bis zum Ende zuhören kann, weil ich ein fehlerhafter Mensch bin und auch in diesem Alter noch besser werden möchte, aber das gestern war zu viel, kam wie eine kalte Winterhusche aus heiterem Himmel über mich, war respektlos und hat mich verletzt, auch weil kaum einer von denen, die dabei waren, Partei für mich ergriff, um aber hinterher und unter vier oder sechs Augen umso intensiver Klage über das zu führen, was ich erleben durfte und – auch das muss ich schreiben – sie selbst auch erleben, abgeschwächt zwar, aber durchaus vergleichbar. Manchmal, Ulrike, scheint mir, schweigen die Menschen, wenn andere zu Unrecht rundgemacht werden, weil sie um ihr eigenes Lob oder ihren eigenen Vorteil fürchten. Was sagst Du? Nein, ich

möchte dir keine Details erzählen. Gitta Preker ist es nicht wert. Du wirst Dich erinnern, dass sie seit Jahren meine Holzschnittgruppe leitet. Inzwischen bin ich kaum noch schlechter als sie, habe ihr gegenüber aber den Vorteil, dass ich immer noch Neues probiere und darum auch scheitern kann. Vielleicht liegt hierin der Grund für die Abfuhr, die ich mir zugezogen habe. Aber Ulrike, ich habe mir fest vorgenommen, es wird der letzte Tadel dieser Art gewesen sein, den ich klaglos ertrage.

Ich spüre wie der Druck Deiner Hand stärker, Deine Ungeduld mächtiger wird. Was ich gemacht habe, soll ich dir endlich erzählen. Nun, ich bin durch die Dünen gewandert wie wir damals vor so vielen Jahren. Unsere ersten Tage und Nächte zusammen. Den Eltern hatten wir von Einzelzimmern erzählt, waren aber der Empfehlung von Hamo folgend in einer dieser kleinen Hütten untergekommen. Unvermietbar im Februar. Wir brauchten keinen Strom, kein fließendes Wasser. Die dreißig Schritte zur Toilette waren ein kalter, belächelter Katzensprung und ein Grund mehr, sich am anderen zu wärmen. Wir bekamen eines dieser kargen Hüttchen für kleines Geld und unsere große Liebe, die uns nicht frieren ließ – damals nicht und später nicht. Ich bin in der letzten Woche über unsere Wege gegangen, die damals noch nicht bewachsen waren, spürte erneut den Wind, der an uns zerrte, der uns weggetragen hätte, wenn wir uns nicht gegenseitig gehalten hätten. Welch ein wunderbares Bild für unsere gemeinsamen Jahre! Wir haben uns immer gehalten, gestützt und geholfen. Wie verlässlich Du warst. Du, Ulrike, hast immer Wort gehalten, während um mich herum manchmal die große und kleine Welt zusammenbrach. Ich sehe Deine blonde Mähne, aus der der stürmische Wind Masken schneidert, um sie in die Luft zu werfen, spüre Deinen Mund auf meinem, Dein Haar, das meine Ohren kitzelt, das uns zudeckt, aufdeckt, davonfliegt. Wir stehen im Dünenmeer und suchen nach Dünen, die Deinen Brüsten nahe kommen. Du schlägst eine um die andere vor, aber ich lehne immer ab: Nicht voll genug, nicht weich genug, so riechst Du nicht, die mag meine Zunge nicht, jene ist meinen Händen nicht zuzumuten. Wir fanden keine Dünen, die Deinen Brüsten genügten, was Dich – glaube ich – stolz machte, aber wir fanden Namen.

Olga für die linke und Petra für die rechte Brust. Ich machte mir später oft einen Spaß daraus, im Beisein von anderen Menschen zu sagen »Ich muss unbedingt mal wieder mit Olga reden« oder »Petra hat letzte Woche richtig blass ausgesehen, als ob sie nicht richtig gepflegt wird.« Die Menschen um uns herum haben verständnisvoll oder auch verständnislos geschaut, aber in Deinen Augen hat es geblitzt. Mein verstecktes öffentliches »Ich liebe Dich« war wieder einmal angekommen.

Ich bin auch an der Stelle vorbeigekommen, wo früher die angeschwemmten unbekannten Seeleute bestattet wurden. Lange habe ich dort gestanden und ein wenig im Sand gescharrt, habe an die zwei, drei Wochen gedacht, wenn es denn so lange war, in denen unsere Liebe auf dem Prüfstand stand, weil jemand, dem Du vertrautest, mich mit einer anderen gesehen haben wollte. Ich konnte diese Behauptung nicht entkräften. In solchen Momenten, musste ich lernen, zählt nicht, was vorher war, zählt nicht, dass ich Dir nie Anlass gegeben habe, an mir zu zweifeln. In solchen Momenten legen sich Worte wie dicke schwarze Wolken über die Liebe, drohen, sie zu ersticken. Ich wusste damals keinen Ausweg mehr, konnte und wollte mir ein Leben ohne Dich nicht vorstellen und habe mir die Pulsadern aufgeschnitten. Du hast

mich gefunden und die andere hat gebeichtet, uns schaden zu wollen. Meine Narben waren noch nicht verheilt, als wir losgefahren sind, um genau an dieser Stelle, bei den namenlosen Seeleuten, Hand in Hand die Rasierklingen zu verbuddeln, die mir die Liebe erhalten und das Leben nehmen sollten. Wir waren noch ein drittes Mal für fünf kurze Tage und Nächte hier: Als ich den Krebs besiegt hatte, haben wir neben den Klingen den Brief des Urologen begraben, in dem kurz und lakonisch stand: PSA-Wert 12,8. Kontaktieren sie so schnell wie möglich ihren Hausarzt. Von Prostata-Krebs stand da nichts. Zwei Jahre haben wir zusammen gekämpft. Einige Male stand ich davor aufzugeben. Ich habe überlebt, Ulrike, weil ich Dich nicht verlieren wollte. Ohne Dich hätte ich es nicht geschafft. Du, Ulrike, warst die Starke, Deine Liebe war die Medizin. Dein Überlebenliebeswillen hat mir Kraft, Mut, Ausdauer gegeben.
Jetzt, Ulrike, muss ich zurück in dieses fürchterliche Haus, das nicht »Lebensabend«, sondern »Höllentor« heißen sollte. Aber ich fühle, dass es bald vorbei ist, dass nur noch wenig fehlt, bis unser gemeinsames Leben aufs Neue beginnt.

Soll ich, wie sonst auch, meine Zeilen wieder unter den Stein legen? Gut, Ulrike, bis bald. Morgen kann ich nicht kommen. Sie wollen mit mir zum Arzt fahren. Ein Karzinom soll ich haben. Weißt Du, was das ist? Nein? Na gut, dann wird es nicht so schlimm sein. Eigentlich schade.

Ich küsse Dich,

Peter

———

2013

Das Leben ist noch nicht vorbei

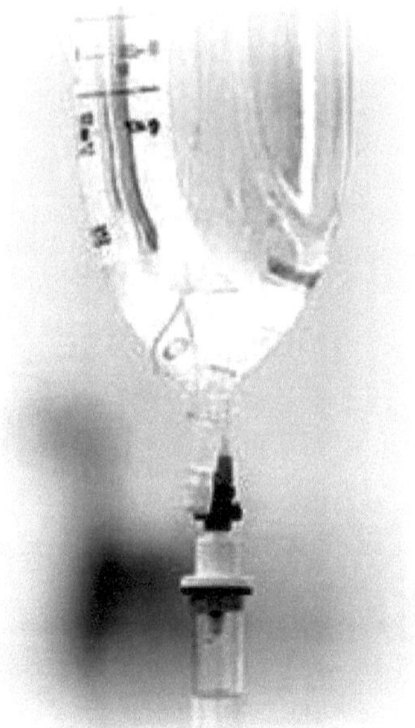

Ihr Haar ist nachgewachsen. Aus der brünetten schulterlangen Mähne sind auf wundersame Weise rötliche Ringellocken – dicht an dicht – geworden, die sich, wenn sie nicht aufpasst, neugierig in ihre Ohren schieben. Der Krebs hat ihren Kopf nicht nur äußerlich verändert. Die Operation liegt mehr als ein Jahr zurück. Es folgte die Chemotherapie, bei der sie denkt, sie würde die nächste nicht überleben, vor denen sie fliehen will, um sich doch wieder hinzusetzen, um der Flüssigkeit zuzuschauen, die bedächtig in sie hineintropft und die die Übelkeit bringen wird, die sie denken lässt, der Tod könne nicht schlimmer sein. Einen Satz der Ärzte hat sie bis heute nicht verstanden: »Sie sind jung, schlank, rauchen und trinken nicht. Sie haben eine gute Prognose. Um auch das letzte Risiko auszuschließen, muten wir ihnen besonders heftige Chemos zu.« Diese hatten mit den Haaren die Lebensfreude und Kraft aus- und jene bohrende Frage in sie hineingespült: Wie viele Monate habe ich noch, bis dieser heimtückische, hinterlistige, hocheffiziente Feind erneut Hand anlegt? Ständig horcht sie in sich hinein, meint, ihn mal im Bauch, mal im Rücken oder Kopf zu spüren. Ohne Befund sagen die Untersuchungen, aber sie glaubt ihnen nicht. Sie fühlt sich von schön redenden Ärzten, Ehemännern, Kindern, Freunden und Nachbarn umgeben – hilflos und allein. Ehrlich ist allein der Spiegel. Vor allem seinen Rat braucht sie, um die sichtbare Wahrheit zu verdecken. In der Reha ist sie eine der Fittesten, aber sie vertraut weiter allein dem Spiegel. Sie lernt Marliese kennen, die eine ähnlich gute Prognose hat. Marliese imponiert ihr mit ihrem Lebensmut, mit der Kraft, die sie ausstrahlt, mit dem immerwährenden glockenhellen Lachen. So möchte sie sein – bis sie Wochen später überraschend Marlieses Todesanzeige in der Zeitung liest. Der Schock wirft sie um

Monate zurück. Mühsam krabbelt sie aus diesem Tal, um ausgerechnet am 1. Weihnachtstag von Erikas Krebstod zu erfahren, einer Freundin aus vergangenen Zeiten. Sie braucht Tage, um sich durchzuringen, zu Erikas Beerdigung zu fahren. So nah wollte sie den Tod eigentlich nur noch einmal an sich herankommen lassen. Was wird das neue Jahr bringen? Sie will ihre Kinder groß werden sehen, will ihre Liebe leben und das Leben mehr und intensiver als jemals zuvor genießen. Und die Arbeit. Es ist so viel liegen geblieben.

Bernd, bis zum Umzug der Lieblingsnachbar, schickt eine SMS: »Immer noch liebste Nachbarin, Überraschung am Montag. Komm nicht vor 17 Uhr nach Hause. Bitte klingeln und nicht ins Wohnzimmer schauen.« Ach ja, der gute Bernd, der Hühnerstallbauer, Waschbärenfänger und Kettenraucher – immer für eine Überraschung gut. Schade, dass er jetzt fast dreihundert Kilometer entfernt wohnt. Welche Überraschung, fragt sie ihren Mann. Der sagt, er wisse von nichts. Sie richtet das Gästezimmer her, saugt den Boden, bezieht das Bett; bittet ihren Mann, für das Gästeessen einzukaufen, freut sich auf Bernd.

Sie klingelt pünktlich um 17 Uhr an ihrer eigenen Wohnungstür, schielt nicht ins Wohnzimmer und wundert sich, dass Bernds Opel nicht vor der Tür steht. Ihr Mann öffnet. Es riecht nach Kuchen, sagt sie. Er legt einen Finger auf ihren Mund, verbindet ihr die Augen, führt sie ins Wohnzimmer und drückt sie behutsam in einen Sessel. Sagt, sie dürfe die Augenbinde abmachen, wenn sie glaube, dass es an der Zeit sei. Sie möge keinen Lärm machen, was auch immer sie sähe. Lange Sekunden ist es still. Dann hört sie den schmeichelnden Sirenengesang einer Geige und den Bariton ihres Mannes: »Für dich soll's rote Rosen regnen, dir sollen sämtliche Wunder begegnen.

Die Welt sollte sich umgestalten und ihre Sorgen für sich behalten. Und heute sagst du still, du solltest dich fügen, begnügen. Du kannst dich nicht fügen, willst immer noch siegen, willst alles oder nichts. Du willst.« Ihr Lieblingslied!

Sie reißt die Binde von den Augen, sieht den Rosenstrauß, den Tisch, den das Sonnenblumengeschirr schmückt, bei dem sie immer an van Gogh und den traumhaften Urlaub in Südfrankreich denken muss. Das Geschirr leuchtet in einem Wald von Rosenblättern, Kerzen und Teelichtern. Sie schreit kurz auf, lässt ihren Tränen freien Lauf; denkt, wie samtweich Arnold den Geigenbogen führt; fragt sich, wieso kann mein Mann dieses Lied; sieht Bernds Birkenstöcker hinter der Tür hervor schauen und spürt ganz tief: Das Leben ist schön und noch nicht vorbei, ist voller Überraschungen und fängt erst jetzt richtig an.

2015

Auf und ab

Es war wie so oft vor seinen langen Läufen. Keine einfache Woche. Lange Arbeitstage, die üblichen Probleme. Zu viele Kranke und zu viele Aufträge. Der Werkleiter hatte ihm am Donnerstag einen Einlauf verpasst. Er solle nicht immer so weich zu seinen Leuten sein und öfter mal hart durchgreifen. Am Donnerstag hatte er nur bis um sechzehn Uhr gearbeitet, dann rauf auf die Autobahn. Achthundert Kilometer bis in die Schweiz. Die meiste Zeit saß er hinter dem Steuer, seine Frau las, schlief, redete, las und schlief. Mitten in der Nacht kamen sie in Biel an, krabbelten in den Alkoven ihres Wohnmobils und wurden von einer Sonne geweckt, die für einen Junimorgen schon unangenehm heiß war.

1073

Ein erster Blick aus dem Fenster. Alles wie immer: Zelte auf dem Sportplatzrasen, die Wohnmobile wie eine moderne Wagenburg drumherum hinter der Absperrung. Neuankömmlinge beim Zeltaufbau oder Einparken, Frühstücker, Zeitungsleser, Gesprächsrunden im Sitzen oder Vorbeigehen. Der Toilettenwagen als zentraler Ort, dreißig Meter dahinter das Versorgungszentrum - der Migros Laden.

Gegen Mittag beginnt das Warten auf den Abend. Alle suchen Schatten und Ruhe. Es ist, als würde sich ein Dorf um die Mittagszeit kollektiv zur Ruhe begeben. Die, die liegen und nicht schlafen können, bedauern die, die an ihnen vorbeischlendern oder hasten. Wie kann man nur ...! Das würde sich in der Nacht rächen. Aber vielleicht ging die, die jetzt nicht lagen, die Nacht auch gar nichts an, vielleicht würden sie in der Nacht vor dem Fernseher oder im Kino sitzen. Dann, bitte, sollten sie jetzt niemanden stören und verschwinden oder sich auch irgendwo hinhocken oder –legen und Ruhe halten.

Am späten Nachmittag lässt die Kraft der Sonne nach und die Geschäftigkeit nimmt allmählich wieder zu. Man geht ins Migros oder einfach so herum auf der Suche nach Leuten, die man aus dem vorigen oder vorvorigen Jahr kennt. Er geht zur Toilette, begegnet unterwegs Karl, den er seit Jahren immer nur hier trifft. Lilo sieht er aus der Ferne und Peter und Martin, die vor ihrem Zelt sitzen. Er geht zum Wohnmobil zurück, hat keine Lust auf Fragen und Antworten, will keinen Bekannten um sich haben. Seine Frau hat gekocht: Nudeln mit Tomatensauce. Das Läuferessen. Sie fragt, ob er sich fit fühlt. Er antwortet, für sie würde es auch nicht leicht sein. Er könne das, was sie vorhabe, nicht. Seine Anspannung steigt, er spürt Angst, suchte nach

Gründen, um nicht an den Start zu gehen. Die harte Woche, die ungenügende Vorbereitung. Warum tust du dir das an? Die Frage, die jedes Jahr so sicher wie das Amen in der Kirche in ihm hochsteigt und die immer unbeantwortet bleibt.

1073

Das Geruchgemisch aus Grillkohle, Bratwürstchen und Kaffee wird mit der verblassenden Sonne abgelöst von dem Gestank von Hirschtalg, Voltaren und Vaseline. Die Sportplatz-Wagenburg riecht wie eine aus den Fugen geratene physiotherapeutische Praxis. Männer und Frauen schmieren sich die Beine ein, verwandeln sich in farbschillernde Gestalten mit bunten Tüchern um Hals oder Kopf. Rotgelbe oder grünblaue Männer legen letzte Hand an Fahrräder an, überprüfen den Reifendruck, das Licht, packen Flaschen und Tüten in Fahrradkörbe. Er kümmert sich um das Rad seiner Frau, schraubt an den Bremsen herum, stellt diverse Flaschen in den Fahrradkorb und hängt eine prall gefüllte Packtasche an den Gepäckträger. Seine Frau kommt mit einem kleinen Rucksack auf dem Rücken aus dem Wohnmobil, nimmt das Rad, küsst ihn zum Abschied und fährt winkend davon. Er sieht auf die Uhr: 20:30 Uhr. Noch eineinhalb Stunden bis zum Start und immer noch drückend heiß. Schwitzend zieht er sich um. Kurze rote Laufhose, ein blaues T-Shirt ohne jeden Aufdruck, an dem er mit Sicherheitsnadeln seine Startnummer befestigt: 1073. Er stellt sich den Wecker und setzt sich auf die hintere Bank im Wohnmobil, schließt die Augen, döst, steht auf, kramt herum, setzt sich erneut, schließt die Augen, döst, steht auf ... Er seufzt, schnallt sich seinen Laufgürtel mit der Trinkflasche um, öffnet die kleine Gürteltasche, doppelt so groß wie eine Geldbörse, prüft sorgfältig den Inhalt, nimmt seine Sporttasche, verlässt das Wohnmobil und schließt die Tür ab. Er reiht sich in den bunten Menschenstrom ein, gibt seine Sporttasche in der Turnhalle ab. 21:50 Uhr. Noch hundert Meter und zehn Minuten bis zum Start. Später wird er in der Zeitung lesen, dass mit ihm 3078 Menschen gewartet haben, davon jeder dritte eine Frau und 324 Soldaten.

Es ist schwül heiß, als der Startschuss ertönt. Er schwitzt, ohne einen Schritt getan zu haben. Erst hinter der Stadt, nach etwa zehn Kilometern, wird es kühler werden. Er läuft langsam an, lässt sich von der johlenden Menge in den Straßen nicht antreiben. Der Schweiß drückt aus allen Poren, aber innerlich ist er cool. Bei Kilometer 21 trifft er seine Frau. Ab hier dürfen Radfahrer Läufer mit dem Rad ins Ziel begleiten. Seine Frau hat die Dinge in Rucksack und Packtasche, die ihm helfen sollen, diese Nacht durchzustehen: Wasser, Schlein, Cola, Kohlehydrate,

Gel, Wechselhemd und -hose. Er küsst seine Frau im Vorbeilaufen. »Danke, dass du dabei bist«, sagt er.

»Du siehst noch frisch aus«, antwortet sie.

Sie sprechen nur noch wenig miteinander in den nächsten Stunden. Machen sich aufmerksam auf den kitschig funkelnden Mond, den am Straßenrand in Krämpfen stöhnenden Läufer, die betrunkenen Nachtschwärmer vor der Dorfkneipen, die ihnen zu johlen.

1073

Mitternacht merken sie nicht. Sie laufen durch stockfinsteren Wald, durch mondgetränktes Weideland, über knirschende Kiesel und schlurfig singenden Asphalt. Kilometer 50 kommt, eine Schlüsselstelle. Hier ist es wichtig, nicht an die Kilometer denken, die noch kommen werden, sondern an die, die schon hinter ihnen liegen. Seine Frau schwankt mit dem Rad. Sekundenschlaf. Er fängt sie und das Rad auf. Der Schock macht sie hellwach. Kilometer 59. »Und?«, fragt seine Frau.

»Freue mich auf die sieben Kilometer Deich ab Kilometer 63«, sagt er.

Kilometer 63 - die große Verpflegungsstation mit Ärzten, Sanitätern, Masseuren. Hier läuft man über eine Matte, die die Durchgangszeit misst. Hier kann man aufgeben und in die Busse steigen, die einen zum Start zurückbringen. Kilometer 63 kündigt sich von weitem als heller Fleck an, der zum gleißenden Flutlicht wächst, und durch ein kühlschranklautes Brummen, das mit jedem Schritt lauter wird: Licht und Lärm nehmen der Nacht den Zauber, machen aus aufrechten Läufern sich hinschleppende Gestalten. Er sieht das Schild: Nach 500 m Verpflegung.

»Ich steige hier aus«, sagt er zu seiner Frau.

Sie antwortet nicht. Er läuft über die Matte, die seine Zeit festhält. Er fragt, wo der Aussteigerbus abfährt. Seine Frau schließt das Rad an einen Baum. Sie setzen sich an die Hauswand, lehnen sich an, warten auf den Bus. Läufer für Läufer zieht an ihnen vorbei. Wenn sie nicht langsamer werden, werden sie ungefähr zwölf Stunden für die gesamte Strecke brauchen. Er bedauert sich nicht, ist nicht traurig, dass er sitzt. Er ist mit sich im Reinen. 63 Kilometer ist auch schon was. Sie wundern sich, dass sie die einzigen Aussteiger sind. Merkwürdig, aber dann ist es eben so. Langsam fährt der große gelbe Aussteigersammelbus auf den Parkplatz. Von überall her hasten oder humpeln Läufer zum Bus. Er muss regelrecht kämpfen, um für seine Frau und sich einen Platz zu ergattern. Einige müssen stehen. Irgendjemand legt sich in den Mittelgang. Ein paar müssen draußen bleiben und auf den nächsten Bus warten. Seine Frau schläft ein, noch bevor der Bus den Parkplatz verlassen hat. Er selbst kann nicht schlafen, erinnert sich später nicht mehr, ob und was er gedacht hat. Er sieht Ortschilder mit Namen an sich vorbeiziehen, die er noch nie gehört hat, rumpelt über unbekannte Landstraßen, fällt irgendwann in einen Dämmerschlaf und erschrickt, als sich die Bustüren zischend und quietschend vor der Turnhalle neben dem Start öffnen. Es dauert, bis er seine Frau wach gerüttelt hat und sie weiß, wo sie ist. Sie holen seine Klamottentasche aus der Turnhalle, gehen schweigend zu ihrem Wohnmobil. Er öffnet die Tür. Bevor er einsteigen kann, steht ein Schweizer Wachmann steht neben ihm, will Startnummer und Wagenschlüssel sehen. »Ach, die Schweizer«, denkt er, »klar, dass sich jeder Diktator, Waffenschieber oder Steuerflüchtling über sein Schweizer Konto freut, wenn schon die Autos so gut bewacht werden.«

1073

Er setzt sich ans Steuer, will sofort das Fahrrad holen, das bei Kilometer 63 steht. Nein, er könne jetzt nicht schlafen, sagt er seiner Frau. Er sei noch adrenalinwach von dem Lauf. Sie nimmt sich ein Kissen und eine Decke, kauert sich in den Beifahrersitz und ist sofort eingeschlafen. Er schaut auf die Straßenkarte und überlegt, wie er am besten zum Fahrrad kommt, fährt los. Seine Gedanken gehen spazieren. Mal wieder ausgestiegen, Durchkommen ist schöner. Aber es gibt keine Gewähr fürs Durchkommen. Darin liegt der Reiz. Durchkommen kann man nicht kaufen. Genau das ist das Abenteuer. Es dämmert. Die Landschaft verliert ihre Schemen. Berge wachsen aus dem Dunst, aus weißen Flecken werden Kühe, das Morgenrot vertreibt die Reste der Nacht. Für ihn war es immer wieder ein neues Wunder: Mit müden Beinen auf das Licht, den Morgen, die Sonne zu warten. Mit dem Licht kam die zweite Luft, brachte neue und unerklärliche Energie und die erste Freudenspur tief innen drin über den noch weit entfernten Sieg über sich selbst.

Der Parkplatz bei Kilometer 63 kommt in Sicht. Das Rad steht noch angekettet am Baum. Er fühlt sich wach, schaut auf seine Laufuhr: 82 Schläge pro Minute. Er weckt seine Frau. Sie setzt sich benommen auf. Er sagt: »Ich laufe weiter.«

»Ich kann nicht mit«, flüstert sie benommen.

»Ich weiß. Was jetzt kommt, muss ich allein mit mir selber ausmachen.«

Er hält an. Schnallt den Gürtel mit der Wasserflasche um, steigt aus, läuft los, dreht sich um, winkt. Seine Frau winkt zurück. Er schaut auf die Läufer, die in großem Abstand über die Matte laufen. Ein Blick auf die Uhr. Vor zweieinhalb Stunden ist er selbst über die Matte gelaufen. Da war es noch dunkel und kühl. Jetzt ist die Sonne schon kräftig – wie ein vorgeheizter Backofen. Ihre Kraft wird mit jedem Kilometer zunehmen. Das Stück auf dem Deich wird noch kühl sein durch das Wasser des Flusses und die schützenden Bäume. Aber dann ... Schnell findet er seinen Rhythmus. Seine Füße laufen allein, seine Gedanken gehen spazieren. Hierhin und dorthin, plan- aber nicht kraftlos. Sein Kopf fragt nicht: »Warum bist du ausgestiegen?« Sein Kopf sagt: »Klasse, dass du wieder dabei bist! Hut ab, wenn du das schaffst.« So spät dran wie heute war er noch nie in all den Jahren. Sonst war er, wenn die große Hitze kam, immer schon im Ziel.

1073

Ab Kilometer fünfundsiebzig geht es über eine schmale Straße durch offenes Gelände lange bergauf. Der Asphalt strahlt die Sonnenhitze zurück. Regelmäßig nimmt er von dem Wasser, das nette Menschen für die Läufer auf Tische an die Straße gestellt haben, bevor sie zu Bett gingen. Er schüttet das Wasser über Kopf und Waden. Es kühlt, aber nicht lange. Er erreicht den Scheitelpunkt der Straße. Es geht lange bergab, die Schmerzen in den Oberschenkeln nehmen zu. Aber auch der Jubel in seinem Inneren. Er spürt, er hat eine Chance.

»Vergiss die Hitze!«, ruft er sich zu, »denke von Baum zu Baum, von Kurve zu Kurve. He Kopf, wo siehst du Bäume? Wo Kurven?«

Er sieht nur diese verfluchte endlose Gerade, die auf einen Punkt in der Ferne zuläuft, der ein Bauernhof sein könnte. Der Punkt will nicht näher kommen, nicht größer werden. Er schaut starr auf den Boden. Macht das, was er in so einer Situation immer macht: Er zählt seine Schritte. Merkt nicht, wann er zu zählen aufhört und an Gott und die Welt denkt. Und wenn er es merkt, fängt er wieder von vorne an. Fast wäre er an dem Bauernhof, der sich als mittelgroßes Wasserwerk entpuppt, vorbeigelaufen, ohne es zu merken, hätte das rote 90-Kilometer-Schild nicht gesehen. Er ist zu müde zum Jubeln. Er träumt von dem, was er nach dem Duschen machen wird: Im Migros Croissants kaufen, die Butter dick darauf schmieren, obendrauf noch Erdbeermarmelade. Er beißt langsam und genüsslich zu, als neben ihm das Schild mit Kilometer 95 auftaucht. Er schluckt und schmeckt. Schmeckt Salz und Schweiß. Er flucht und versucht erfolglos, den bitteren Geschmack mit dem Rest Wasser aus seiner Flasche zu vertreiben.

Es ist nicht mehr weit. Schritt für Schritt geht es vorwärts. Durch kühlen Wald, aber dafür wieder leicht bergauf. Noch ein Kilometer bis zum Ziel, er kann schon den Lautsprecher hören. Er weiß, er wird seine schlechteste Zeit über 100 km laufen und spürt, er wird noch glücklicher sein als bei seinem ersten Hunderter. Niemand wird ihn im Ziel begrüßen, seine Frau wird noch schlafen, aber er wird sich und seinen größten Sieg feiern: Den über sich selbst.

1073

2015

Ich höre

Ich höre die Stöckelschuhe von Frau Dr. Schmelzer. Es könnten die blauen, aber auch die roten sein. Die schwarzen mit der kleinen roten Fliege obenauf würde ich zweifelsfrei heraushören, aber bei den blauen und roten bin ich mir nie sicher. Wahrscheinlich vom gleichen Leisten und deswegen klanggleich. Die Schmelzer wird vorbeigehen, das höre ich. Sie behält ihren dynamischen Ich-werde-als-Ärztin-gebraucht-Schritt bei, wird nicht langsamer, um die Tür zu öffnen. Schade, dass sie nicht hereinkommt, nicht nur wegen der Schuhe.

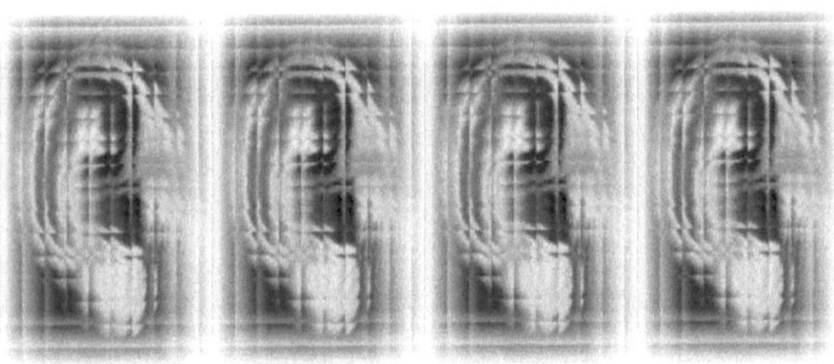

Ich höre das Kind in der Nachbarwohnung, das zuerst wimmert, dann weint, immer lauter weint, bis es schließlich hemmungslos schreit. Ich drücke mein linkes Ohr ins Kopfkissen, ziehe mir die Decke über den Kopf, drücke sie mit der rechten Hand auf mein rechtes Ohr, um das Schreien von mir abzuhalten. Der kleine Hartmann kriegt es mal wieder mit dem

Stock – wofür auch immer. Der Vater hat es mir mal erzählt: Bei einer fünf in einem Hauptfach gäbe es fünf Hiebe, bei einer sechs sieben und zwei Wochen kein Taschengeld. Kleine Taten wie Widerspruch, Schwindeln oder Teller nicht leer essen, würden gesammelt und am Monatsletzten ausgezahlt. Ich habe ihm damals mit gesenktem Kopf zugehört, als er mir erzählte, die stockgreifliche Erziehung habe ihm selber nicht geschadet und täte auch seinem Nachwuchs gut. Macht es Sinn, habe ich damals gedacht, die gute Nachbarschaft wegen ein paar Schlägen auf Spiel zu setzen, und den Mund gehalten.

Ich höre den schlurfenden Schritt von Peter Abramzik. Er wird vorbeigehen, nicht zu mir kommen, nicht heute am Dienstag. Er wird morgen kommen, wird vor meinem Zimmer langsamer werden, vor der Tür kurz innehalten, vielleicht den weißen Kittel glatt ziehen (was ich vermute, aber nicht weiß) und dann anklopfen. Er wird die Tür vorsichtig aufdrücken, bedächtig eintreten und mit lauter Stimme fragen: »Wie geht es uns denn?« Er erwartet keine Antwort. Nicht von mir. Gut so! Ich mag ihn nicht. Zweimal in der Woche reicht. Dienstags und freitags, jeweils dreißig Minuten.

Ich höre das Klack, Klack der Krücken von Ludwig. Als ich ihn zum ersten Mal damit sah, wollte ich die Situation ins Lächerliche ziehen und sagte: »Rote Stützen, passend zur Strickmütze. Klasse!« »Krücken«, heißt das, verbesserte er mich. »Stützen sagt man, wenn man noch beide Beine hat. Krücken, wenn eines fehlt.« Ganz leise aber nicht weinerlich fügte er hinzu: »Wie bei mir.« Mit Ludwig bin ich ausgewachsen. Wir waren Nachbarkinder. Ludwig war der Jüngste von sechs Geschwistern und nur wenig jünger als ich. Seine Eltern wollten unbedingt den kleinen Bauernhof der beiden ledigen Brüder mütterlicherseits erben. Direkt an der lauten und vielbefahrenen Bundesstraße. Für Bauerwartungsland kann man schon mal einiges in Kauf nehmen. Auch über Jahre. Zum Beispiel an jedem Wochenende die fünfzig Kilometer zu dem Hof fahren, um den ledigen Brüdern zur Hand zu gehen, die anderen, ebenfalls hoffnungsfrohen Verwandten abpassen und ausbremsen. Und vielleicht auch einmal die Hand führen beim Erbvertrag. Ludwig fällt durchs Abitur, wird Bauer, erbt den Hof und die ledigen Erbonkel segnen schnell und innerhalb weniger Wochen das Zeitliche. »Erbschleicher. Das bringt kein Glück«, haben meine Eltern mehr als einmal gesagt. Schade, dass sie Recht hatten. Ludwig rast mit viel zu viel Alkohol im Blut die Bundesstraße entlang zum Hof und nimmt den ersten Baum mit, der ihm gehört. Nach vier Monaten verlässt er die Unfallklinik auf Krücken. »Mit Erbschleichern darf man kein Mitleid haben«, sagen meine Eltern beim Frühstück. »Auf dem Hof liegt ein Fluch«, sagen sie ein Jahr später. Ein Auto war in die mannshohe Mauer gefahren, die den Erbhof vor dem

Lärm der Bundesstraße schützen sollte. Schade, dass Ludwig hinter der Mauer saß und die Samstagszeitung las. So viele Steine hält der stärkste Schädel nicht aus. Ludwig konnte nicht mehr arbeiten, aber von der Unfallrente gut leben. Wenn nicht die Kopfschmerzen gewesen wären. Aber Ludwig hatte auch Glück, doppeltes Glück. Seine Frau blieb bei ihm. »Hochachtung«, flüsterten meine Eltern beim Frühstück. »Nicht jede wäre bei einem Krüppel geblieben.« Ludwig wurde Vater, bekam endlich den Nachwuchs, den er sich über Jahre vergeblich gewünscht hatte. Mit dem voraussichtlichen Geburtstermin bekam er noch eine andere Prognose: Krebs. Nierenkrebs.

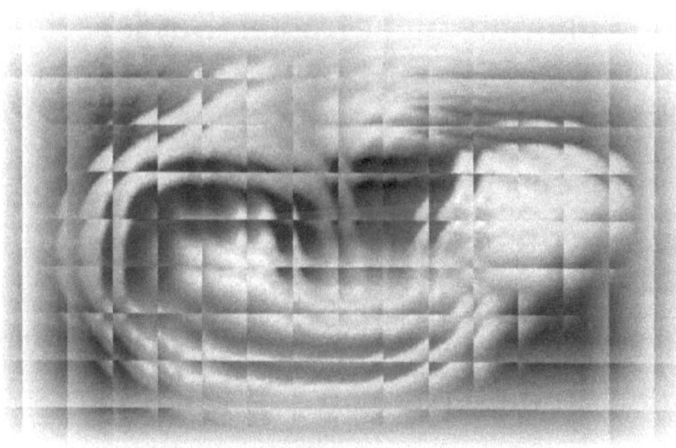

Meine Eltern waren auf ihre Art voller Mitgefühl.

»Das arme Kind. Wahrscheinlich noch nicht geboren und schon ohne Vater«, hieß es bei Mutters Geburtstagskaffee. Ich weiß nicht, was aus Ludwig, der Frau und dem Kind geworden ist. Wir haben uns aus den Augen verloren.

Ich höre den hüpfenden Schritt eines Kindes. Es wird Flip-Flops anhaben, oder wie die Dinger heißen. Das Hüpfen gilt nicht mir. Als es für mich war, als aus dem Hüpfen ein Klopfen und aus dem Klopfen ein Türaufstoßen und aus dem Türaufstoßen der Schrei »Opa, Opa« wurde, ist viele Jahre her. Damals kam Beatrice, meine Enkelin, um mich zu streicheln, zu erzählen und zu singen. Wie viel die schon in der Grundschule lernen, habe ich gedacht. Und auch diesen verrückten Satz: Opastolz statt Overstolz. Das war mal meine Zigarettenmarke. Beatrices Eltern warteten draußen in der Cafeteria. Beatrice hat nichts von ihrer Mutter, nichts von meinem Sohn erzählt, ich konnte nicht fragen. Das ist schon lange, lange her. Beatrice wird schon groß sein. Was wohl aus ihr geworden ist?

Ich höre das leise Tock, Tock der Fensterläden. Müllers machten sie um 17 Uhr zu und öffneten sie um 20:30 Uhr wieder. Tag für Tag, im Sommer und Winter. Ich habe mir den Kopf zermartert, warum sie die Läden zu dieser ungewöhnlichen Zeit schließen, um sie nach zweieinhalb Stunden wieder zu öffnen. Traute mich nie zu fragen. Frau Müller war eine Nette, ich fühlte mich zu ihr hingezogen, bedauerte, dass sie diesen fetten, dreißig Jahre Älteren hatte. Er fuhr ein Protzauto und sie trug ärmliche, abgetragene Klamotten. »Wie Lumpen von der Caritas«, sagte meine Mutter beim Frühstück. Ich wusste nicht, was sie damit meinte. In dem Jahr, als ich die Mittlere Reife machte, fuhren wir nach Österreich in Urlaub. »Mit dem Protzauto der Müllers wäre das nicht so eine Tortur«, stöhnte Mutter, als wir in der brütenden Sommerhitze eine Pause machten. Als wir aus dem Urlaub zurückkamen, war das Haus der Müllers leer. Niemand will einen Möbelwagen gesehen haben. Die Müllers haben sich von niemandem verabschiedet. Der Briefträger wusste auch nichts. Sie hätten keinen Nachsendeantrag gestellt, sowieso nur selten Post bekommen.

Ich höre den strammen Marschschritt von Amtsrat Peter Kretschmer. Ich weiß, es ist wieder ein Jahr vorbei. Kretschmer wird in mein Zimmer stürzen und hastig fragen: »Wie geht's? Beschwerden, Klagen?« Er wird tief Luft holen, sie nach wenigen Sekunden herausstürzen lassen und ihr die Worte mitgeben: »Ihr Geld wird auch im nächsten Jahr noch reichen.« Er wird sich einmal um die eigenen Achse drehen, dabei das Zimmer inspizieren und fragen: »Brauchen sie ein neues Teil?«, wird sich die Antwort selbst geben, weil ich es nicht kann, und sagen: »Ein neuer Fernseher wäre nicht schlecht ...Immer noch Fan von Borussia Dortmund?« Dann wird er stöhnen: »Ich muss weiter. Wenig Geld für zu viel Arbeit. Wir sehen uns.« Er wird sich rückwärts aus der Tür drücken und ich werde froh sein, dass es wieder für ein Jahr vorbei ist.

Ich höre einen Knall, als ob jemand zwei gefüllte Konservendosen gegeneinander schlägt. Erbsen- oder Linseneintopfdosen hören sich so an. Diesen Knall höre ich oft mehrmals am Tag. Dann setzt meine Erinnerung aus. Ich grabe und bohre, ich pörkele und kratze, aber die Erinnerung bleibt ein tiefschwarzes Loch. Ein Auto sei in mich hinein gefahren, haben die Ärzte erzählt, vierhundertzwei Tage hätte ich im Koma gelegen, sechsundzwanzig Operationen hätte ich mehr oder weniger gut überstanden und dazu noch viel Glück gehabt. Besonders weil der Schuldige, der Unfallverursacher wie die Juristen in ihrem sperrigen Deutsch sagen, steinreich sei. So könne ich mir dieses und jenes und nicht nur ein AOK-Leben leisten. Leben, na ja, wäre vielleicht nicht das richtige Wort. Existenz wäre vielleicht besser. Einer hat vor Jahren mal gelacht und gesagt, ich solle ihm nicht böse sein, aber ich wäre eine essentielle Arbeitgeber-Existenz, weil ich mehr als fünf Personen pro Tag rund um die Uhr beschäftige und gut bezahle. So was kann man nur zu wehrlosen Existenzen sagen. Die können einem keine reinhauen. Ich habe mich an derartige Sprüche gewöhnt. Es gibt Schlimmeres: Die Fliege zum Beispiel, die meine Nase am Sonntagnachmittag besetzt.

Ich höre, das dröhnende Rollen der Sturmflutbrecher, die krachend gegen die Strandtreppe schlagen, erinnere mich, dass Artilleriefeuer so ähnlich klingt. Erst der Schuss in weiter Ferne und dann der krachende Einschlag. Damals, während der Sturmflut an der Treppe, muss ich Mitte Zwanzig gewesen sein, voller Übermut und Lebensfreude. Wie sah die Frau aus, die dabei war? Auch im Dunkel meines Kopfes begraben. Wie hieß sie, wie alt war sie? Ich will es wissen, quetsche seit Jahren die Gedanken in meinem Kopf aus wie eine Orange in der Saftpresse, aber ich sehe nur, wie die Frau ins Wasser stürzt, wie die Wellen, sie einmal, zweimal gegen die Treppe schlagen, wie die Gischt sich ein wenig und nur kurz rot färbt. Trage ich irgendeine Schuld? Ist das, was danach mit mir geschah, ist das, was ich dahin vegetieren nenne, eine Folge von damals? Die Strafe Gottes, von der der Lehrer immer im Kommunionunterricht gesprochen hat?

Ich höre... Was? Ich höre ein neues, ein unbekanntes Geräusch. Wer will wohin? Der Schritt – keine Stöckelschuhe, kein Klack, Klack, kein Schlurfen, kein Hüpfen, kein Tock, Tock oder Marschschritt – eher ein fliegender, tastender, aber durchaus selbstbewusster Schritt, kommt näher. Der erste neue Schritt seit mindestens zehn Jahren. Ob das der Tod ist? Der Schritt geht vorbei. Schade.

2015

Druck-Nachweise

Einige Geschichten sind schon an anderer Stelle erschienen:

Das Foto, in: C. C. Neid (Hrsg.): Genau so war ... Das erste Mal, Wolkenreiter-Verlag, Fuldatal 2007

Länger als Marathon – Mein erster Sieg, in: C. Külzer-Schröder, A. Krause (Hrsg.): Zum ersten Mal – Die Herausforderung Marathon, Agon-Sportverlag, Kassel 2007

Radierungen, in: K. Alers, H. Taupitz, C. Weidemann: Salto mortale. wie wir leben, Nordhessischen Gegenwartsliteratur, Verlag Wortwechsel, Kaufungen 2008

Die Wohnung, in: C. C. Neid (Hrsg.): Unter dem Zauberbaum, Wolkenreiter-Verlag, Fuldatal 2008

Die Dünenmulde, in: C. C. Neid (Hrsg.): Herzumschlungen, Wolkenreiter-Verlag, Fuldatal 2009

Der fliegende Holländer, in: Staatstheater Kassel, Programmheft Februar 2009
(1. Preis beim Wettbewerb des Staatstheaters Kassel 2009)

Petra, in: C. C. Neid (Hrsg.): Glück und andere Katastrophen, Wolkenreiter Verlag, Fuldatal 2010

Lebenslauf, in: Laufmagazin Spiridon, September 2011 (2. Platz, 10. Kasseler Literaturbörse 2011)

Buchstabiere Gerechtigkeit, in: Planet Kassel – literarische Annäherungen, Verlag Wortwechsel, Kaufungen 2012

Das Leben ist noch nicht vorbei, in: C. C. Neid (Hrsg.): Einzig – aber nicht immer artig, Wolkenreiter Verlag, Fuldatal 2015

Im Elvea Verlag sind vom selben Autor erschienen:

Friedhelm Marciniak
Wer hilft dem
Weihnachtsmann?

Ebenfalls im Elvea Verlag sind erschienen:

Buch 2: Syno und Äther
Buch 3: Zoe

Engelsmacht
Sabine Niedermayr
ELVEA VERLAG

Herbert de Laroff
Mein Leben
mit Zeus, Hera, Ares & Co.